# un soir, j'ai divorcé de mes parents

Collection animée par Soazig Le Bail.


ISBN 978-2-84420-728-9

Loi n° 49-956 du 16 juillet 1949 sur les publications destinées à la jeunesse
Maquette : Bärbel Müllbacher

# un soir, j'ai divorcé de mes parents

**Rachel Hausfater**

**Roman**

Illustration de couverture
de Claude Cachin

EDITIONS
THIERRY
MAGNIER

Rachel Hausfater a écrit une vingtaine de romans et d'albums pour la jeunesse. Elle enseigne aussi l'anglais dans un collège de Seine-Saint-Denis. Elle est divorcée et vit à Paris avec ses trois (merveilleux !) enfants.

*À Noémie, Gabrielle et David, mes lumières.*
*Merci.*

# Première partie

# 1

C'est décidé.

Je divorce.

De ma mère, de mon père, et de moi leur enfant.

Si eux ils ont le droit, moi aussi je le prends !

Pas besoin d'avocat, je saurai me défendre. Je connais par cœur (le mien) mon banal dossier d'enfant de divorcés. Et dans mon tribunal déserté je siégerai seul, à la fois juge et partie.

Et parti.

Car je vais partir. Oh, pas complètement, pas pour tout le temps : je n'en ai ni le droit ni l'envie. Mais le juge qui est moi, mon *ju-je*, m'accordera sans discuter un droit de garde à moi-même. Tous les quinze jours j'irai passer le week-end chez… moi ? Non, pas possible, car je n'ai plus de chez-ce-moi-là. Je n'ai que des chez-elle/chez-lui, depuis qu'ils ont fait exploser le chez-nous.

Alors tant pis, j'irai ailleurs, dehors, plus loin, pour voir qui j'y suis.

Un divorcé.

Puisque enfant de.

## 2

Enfant d'eux.

D'eux finis.

Explosés, d'un coup, en kamikazes. Un attentat minutieusement préparé, lentement, graduellement, et sous mes yeux tout le temps.

Pourtant je n'avais rien voulu voir venir. Bien sûr j'avais remarqué qu'ils étaient devenus plutôt « un contre un » que « tous les deux ». Ils ne sortaient plus ensemble le soir, mais chacun de leur côté, avec leurs vieux copains et leurs vieilles copines. Les week-ends ressemblaient à une prison, les vacances à une punition. Le soir ils se parlaient à peine, juste des mots utiles, et avaient des gestes d'automates. Ils se passaient le sel mais ne se touchaient pas, regardaient le même film mais ne se voyaient pas. L'un faisait les comptes et l'autre faisait les courses, et apparemment plus personne ne faisait l'amour. Mais qu'est-ce que j'en savais, et qu'est-ce que je m'en foutais ! Ils étaient des parents et ça me suffisait.

Presque.

Plus rien ne bougeait entre eux, plus de frémissement : ça faisait peur, ça faisait mort. Alors je vivais, fort, comme un sourd, comme un fou. Et je faisais de mon mieux pour oublier qu'ils faisaient de leur pire pour s'oublier.

Jusqu'à l'explosion.

Le cri, le hululement plutôt, montant comme une sirène, devenant hurlement. Le grondement derrière, s'élevant, s'enflant, écrasant, étouffant. Leurs deux voix changées, méconnaissables, plus des voix de parents, des voix de mauvaises gens, des voix de films nuls, de sordides faits divers. Accusant, condamnant, suppliant, injuriant. Un vomi répugnant de mots impossibles, épouvantables, inoubliables. Et puis les cris arrêtés brutalement, la porte trop fort claquée, et des larmes qui pleuraient toutes seules dans le silence.

Et moi, recroquevillé dans mon lit, les ongles enfoncés dans les mains, le cœur qui me faisait trop mal, le ciel qui s'écrasait, la vie qui s'arrêtait. Toute la nuit à me débattre dans le froid de la peur, à me blottir dans le chaud de la peine, toute la nuit à refuser que ce soit arrivé.

Le matin est venu, et d'autres l'ont suivi, début d'une autre vie, d'une fausse, vite finie.

Un entre-deux, entre eux-deux, inconfortable et laid. Le canapé défait, le silence qui hurlait, repas à tour de rôle, détours, regards fuyants. Et puis les discussions, les murmures haineux, les malédictions folles, les cris recommençant. Et moi, témoin impuissant, et moi, je faisais quoi ? Je prenais parti pour qui ? Lequel avait raison, lequel souffrait le plus ? De mes deux parents, lequel j'aimais le mieux ? Ils ne me demandaient rien, mais j'étais au milieu. Pitié, arrêtez-vous, je vais me déchirer !

Ils ont arrêté.
Ils se sont séparés.
Ils ont divorcé.

Et maintenant, c'est mon tour.

# 3

Après la séparation je me suis senti presque soulagé, malgré la peine. J'allais enfin pouvoir vivre sans peur, maintenant que c'était fait, défait, sans craindre que le pire n'arrive puisqu'il était déjà arrivé.

Plus de disputes, et ça, j'appréciais. Mais le silence, mon Dieu, comme il criait ! C'est vrai, j'avais la paix… Mais la paix, c'est triste, parfois plus que la guerre, quand elle est finie et que tout le monde a perdu.

J'étais resté avec ma mère, bien sûr, et nous vivions ensemble dans notre ancien appartement devenu trop grand. Enfin, moi je vivais, et elle faisait semblant.

Et c'était insupportable !

À quoi ça sert, une mère, quand elle s'est effondrée ?

Une mère, ça n'a pas le droit de pleurer !

Ou alors juste sur ses enfants. Ça n'a mal qu'à cause d'eux, ça n'a peur que pour eux. Une mère, ça ne vit pas pour soi. Ça guette par la fenêtre quand on rentre, ça ne regarde pas pendant des heures la pluie tomber sur son malheur. Ça n'a un cœur que de mère, ça n'a été femme qu'une fois, et encore… on ne veut pas le savoir. Ça n'a pas de corps, à part le maternant, celui aux bras ouverts, à la bouche qui murmure, à l'odeur d'avant. Ça ne dort pas vraiment, puisque quand on appelle c'est toujours là, debout, pour nous. Ça bouge et parle tout le temps, ça ne reste pas les yeux chavirés, regardant en dedans, et le corps prostré, recroquevillé, comme un enfant.

Ce n'est pas un enfant, ce n'est pas une femme, ce n'est même pas quelqu'un. C'est juste une présence, constante, toute-puissante, une bienfaisante permanence. Parfois tant, que ça soûle, mais c'est rassurant ; parfois trop et ça étouffe, mais c'est enveloppant. Une mère c'est toujours, c'est partout, c'est qu'à nous.

Une mère n'est que mère, elle est toujours la même, elle est toujours la mienne. C'est ma mère.

Alors qui c'est, cette inconnue qui habite avec moi, qui ne lui ressemble même pas, qui ne vit presque pas ? Amaigrie, vidée, elle fait semblant d'être ma mère et récite son texte comme une mécanique. Ce sont les mêmes questions, conseils, consignes, reproches et demandes de câlins qu'avant. Mais moi je ne m'y trompe pas, ce n'est plus elle qui est là.

Qu'est-ce qu'on fait de sa mère quand on vous l'a changée ?

C'est devenu une femme, blessée et imparfaite, vulnérable, pitoyable, trop normale, avec tant de faiblesses, une telle petitesse, que j'en suis épouvanté. Maman, où t'es, maman ? Je ne veux pas la voir, je ne peux pas l'aider. C'est à elle d'être là et de me regarder, à elle de savoir et de toujours m'aider. Je ne supporte pas ce rôle contre nature qu'elle veut me faire jouer, d'être celui qui tient, qui retient, qui soutient, alors que je ne sais rien et ne suis encore rien.

C'est trop lourd d'être la seule raison qui la fasse se lever, partir travailler, rentrer, faire semblant de manger et puis se coucher, le seul au monde qui la fasse rester.

Il y a eu quelqu'un qui l'appelait, mais ça n'a pas duré, et ça s'est arrêté. Pendant ces quelques semaines elle se maquillait longtemps, s'habillait parfait, sortait parfois le soir et rentrait très tard. Je me sentais un peu seul et un peu jaloux, mais au moins elle vivait et avait des sourires. Et puis de moins en moins. Et puis plus du tout, rien.

Maintenant elle attend, elle guette le téléphone, vérifie son portable, envoie des SMS. Elle me fait honte et pitié, elle me fait mal. Elle n'a pas le droit d'avoir un cœur, un corps, ni d'ailleurs un portable, ou alors juste pour m'appeler, savoir comment je vais, si je suis bien rentré, et si j'ai réussi mon contrôle de français. Mais pas pour vérifier qu'elle est aimée, ou trompée, par quelqu'un d'étranger.

Comment on fait pour ramasser une mère abandonnée ?

Elle essaie pourtant, vaillamment, de faire la mère d'avant. Elle lave et repasse et nettoie et achète et réchauffe. Mais elle ne rit plus, elle ne joue plus, et elle n'invente plus. Tous les soirs c'est pizza, pâtes ou pommes de terre rissolées (décongelées). Plus de plats cuisinés, de soupes et de salades trop bonnes pour la santé. Elle nous sert une routine qu'elle n'a pas préparée, me souhaite bon appétit avec un pauvre sourire qui tremble et ment, puis s'assied et regarde son assiette d'un air désespéré. Comme si elle allait s'y noyer, comme si elle n'allait jamais y arriver, à manger, à nager, surnager, et à ne pas couler. Et puis elle pose sa tête sur ses bras repliés et se met à pleurer.

ARRÊTE, MAMAN !

Elle s'endort d'un coup à cause des comprimés

qu'elle avale en droguée, juste après le dîner, quand moi j'ai besoin d'elle et envie de parler, ou simplement qu'elle soit là en vivante. Je la retrouve roulée en boule sur le canapé, comme une pierre tombée, une bête écrasée. Autour de ses cheveux des kleenex froissés lui font une couronne de neige décomposée. Ses yeux sont cachés, partis, effacés. Il reste des petites gouttes de seul déposées sur ses cils, de la rosée de chagrin que je ne peux sécher. Parce que je n'arrive plus à lui toucher les yeux, ni la main ni le cœur. Je ne la connais plus et crois que je ne l'aime plus.

Pourtant je reste là à regarder sa peine, à l'appeler en silence, à attendre qu'elle revienne. Et puis je pars vaincu me coucher à mon tour, encore un peu plus vieux, encore plus malheureux.

Mais dans mon sommeil lourd je l'entends qui se lève, car, quand la nuit s'installe, alors elle ne dort plus. Pendant des heures elle erre, randonneuse en détresse, elle déambule en somnambule, et arpente en aveugle les rues sans issue de notre appartement. Elle tourne en rond, en rien, en vain. Elle ne va nulle part et n'y arrive même pas. Car elle s'est perdue.

Et moi je l'ai perdue.

# 4

Mon père lui aussi, hélas, a disparu. Quand je le vois le week-end, je ne le reconnais plus. Il s'habille décontracté, boit le soir un peu trop, écoute sa vieille musique jusque tard dans la nuit et circule en moto, parce qu'il est libre, bien sûr ! Papa, à quoi tu joues ? On dirait un ado, on dirait qu'il est jeune, on dirait qu'il est moi ; mais c'est moi le seul jeune, le seul qui ait le droit ! Il s'est trompé de rôle, il m'a volé mon âge, il veut jouer à ma vie. Mais c'est mon tour, papa, ta jeunesse est partie, il est beaucoup trop tard pour tout recommencer. Crois-tu vraiment qu'on peut perdre en même temps ses cheveux et vingt ans ?

Non, on ne peut pas. Mais en faisant semblant, il perd de sa stature, sa crédibilité. Impossible d'admirer ce petit garçon déjà ridé, de respecter ce vieil ado outré et révolté. Je le regarde foncer comme un fou inconscient, s'ébrouer comme un chiot insouciant faisant le beau, et je me sens floué, trompé, dépossédé.

Où est passé le père qui m'en imposait tant, qui me faisait un peu peur mais me sécurisait ? Bien sûr, il m'énervait avec ses certitudes et ses règles rigides, et je supportais mal sa nervosité. Mais c'était rassurant de le savoir absolument responsable, de lui, de moi, de tout.

Il ne l'est plus du tout : il est irresponsable ?

Il s'est mis en vacances de sérieux et de sévérité. Il joue au gentil, au père tolérant et compréhensif. Mais moi je n'en veux pas ! Un père, c'est pas comme ça ! Qui me protégera, maintenant qu'il est parti ? Et qui saura pour moi, si lui il ne sait pas ? Je suis seul, en danger, je suis seul dans ma vie.

Sans lui en garde-fou, en rabat-joie, j'ai l'impression de tomber en chute beaucoup trop libre. Il ne surveille plus à quelle heure je rentre, mon bulletin, mes amis, ni la vie que je mène si seul loin de chez lui. Il dit qu'il me fait confiance. Mais je crois qu'il s'en fout…

Mon père s'est effondré et je n'ai plus de mur, plus rien pour me soutenir, contre quoi me cogner. À la place se tient un autre enfant qui cherche aussi un mur, et qui s'accroche à moi comme si le mur c'était moi. Comme si j'étais son père.

Mais moi je suis son fils, un vrai petit garçon, un ado officiel, moi je suis jeune pour la toute première fois, et pour ma seule fois ! Alors comment je fais, si lui n'est plus mon vieux ?

Je me plaignais souvent qu'il ne m'écoutait pas vraiment et qu'il ne cherchait pas à me comprendre. Emprisonné dans ses soucis, trop sérieux et peu disponible, il me semblait si loin de moi et de mon monde.

Mais maintenant qu'il est devenu bien plus compréhensif, qu'il veut que je lui parle et qu'il me parle aussi, il s'est tellement rapproché que je n'arrive plus à le discerner ni à savoir qui c'est. Car si près, c'est trop près et j'en suis aveuglé. Repars plus loin là-haut, papa, que je te voie. De nouveau. Comme tu étais.

Si tu n'es plus mon père, alors qui le sera ?

Et puis je trouve cette soudaine complicité, cette proximité, un peu louche, presque suspecte. Car je sais qu'elle est à double sens, que c'est donnant, donnant : je te comprends si toi tu me comprends. Et donc me pardonnes.

Seulement je n'ai pas le pouvoir de lui pardonner ce que lui a raté. Il cherche l'absolution, veut ma bénédiction. Mais je ne suis pas son prêtre, ni son juge, ni son ex-femme. Je ne peux pas lui dire : « Oui, tu as eu raison, ce n'est pas grave, tout va bien, sois heureux, nous aussi. » Je ne peux pas parce que ce n'est pas vrai, et parce que je ne sais pas. Le dire serait mentir. Trahir. Tout trahir.

Et pourtant je le plains, il me fait de la peine. Parce qu'il a fait du mal sans le faire exprès, et que c'est lourd pour lui de vivre avec ces fautes-là, celle de ne plus aimer là où il avait promis, celle de faire comme s'il n'avait jamais grandi. Et puis ce n'est pas si simple, jamais rien n'est si simple. Il n'a pas été le seul à cesser d'aimer ; lui aussi, je crois bien, s'est fait abandonner.

C'est sûrement pour ça qu'il n'est parfois pas seul, que dans sa vie il y a une autre qui se promène. Plutôt mignonne, pas méchante, mais. Trop jeune, trop différente, et à la place de. Quand je la vois chez lui, elle sait où tout se trouve, met ses pieds sur le canapé et laisse son maquillage et sa brosse à dents dans l'armoire de toilette. Je me sens mal à l'aise quand leurs mains se touchent ou quand je les entends chuchoter et rire. Je trouve cela choquant, comment il peut avec, comment il fait sans, comment ça vient après, et pourquoi déjà, et pourquoi devant moi ?

Il me faut plus de temps pour quitter notre avant. Je sais que c'est fini, que ça ne reviendra plus. Mais ça fait mal de voir et de savoir comment ma mère est répudiée, par qui elle est remplacée, comme si elle n'avait jamais pour lui existé.

Je ne voulais pas tant voir, je ne voulais pas savoir. Maintenant c'est trop tard. Plus de « papa-maman » : ils sont devenus des gens.

Quand les parents divorcent, on devient orphelin.

# 5

Mais tous ces cris blessés, je ne les pousse pas, et toutes ces questions je ne les pose pas. Car je n'ai pas le droit à ma parole : je dois porter la leur. Puisque ce n'est que par moi qu'ils parlent, à travers moi qu'ils se parlent :

« Dis à ta mère… Rappelle à ton père… Préviens-la… Signale-lui… Qu'elle sache que… Il va voir si… De quel droit elle… Comme d'habitude il… »

Je cours de l'un à l'autre, chargé de leurs mots et de leurs non-dits, nomade maussade et fatigué. Je suis devenu, à contrecœur, leur porte-parole réticent, leur interprète malhabile, leur messager taciturne, leur *contact… lost… contact… lost…*

J'aime bien leurs appels (car ce sont des appels), j'aime bien leur parler.

J'aime aussi bien les voir, vivre du temps partagé.

J'aime bien les aimer.

Mais je ne supporte pas de devoir jouer au facteur de malheur, celui qui distribue les piques et les pointes, celui qui diffuse rancœur et rancune. Alors, quand ils me chargent de leurs messages acides, je fais mon tri, les passe à la censure et ne les transmets qu'une fois amputés, édulcorés, émoussés. Mais, malgré tout mon soin, jamais neutralisés.

Alors jamais la paix et je suis fatigué. Si seulement ils cessaient de s'écorcher par moi… Je pourrais me contenter d'être moi, sans projeter l'ombre de l'absent, sans faire écho à ses mots, sans porter ses coups qui font mal au passage (et c'est moi le passage). Ne plus avoir peur de, ne plus guetter si, ne plus expliquer que, ne plus défendre l'un, ne plus justifier l'autre…

J'en ai assez d'être leur milieu, le seul lien qui leur reste : ça me transforme en nœud et je risque d'étouffer, ça m'entrave, me ligote et m'empêche d'avancer.

Alors je me tais.

Je me tais aujourd'hui.

Je tais ce qu'il (m')a dit, et ce qu'elle (m')aurait dit si je lui avais dit.

Je les tais tous les deux.

Pour que commence ma paix.

Parce que ce qu'il m'a dit, ça ne veut pas passer et je ne le passerai pas. À partir de maintenant ils ne passeront plus par moi. Ils se passeront de moi.

Dans la voiture qui me ramenait, mon père m'a annoncé d'un ton faussement guilleret, et le soir tombait, et mon cœur se brisait :

– Tu sais mon grand (mais non je ne sais pas, et je ne suis pas grand), je vais déménager, quitter Paris et mon appartement (me quitter moi et les traces de maman). J'ai trouvé du travail dans les Hautes-Alpes (à l'autre bout du monde). Tu sais qu'elle (son « elle » à lui) a de la famille là-bas (mais ta famille à toi, c'est moi !). J'aurai une maison en pleine montagne avec une chambre pour toi et peut-être une piscine. Tu viendras à toutes les vacances, on passera du bon temps, ça sera mieux que maintenant (mais moi, j'aimais quand même maintenant !), ces week-ends frustrants où on ne fait rien (mais on était ensemble…). On se verra moins souvent, mais mieux, mais plus longtemps. Pourquoi tu ne dis rien ? (Tu ne m'entends pas crier ?) Tu n'es donc pas content ? (Tu vas m'abandonner !) Mais réponds-moi, enfin !

Il regardait la route, il ne m'a pas vu pleurer.

Quand j'ai ouvert la portière, il a ajouté hâtivement :

– Je n'ai pas prévenu ta mère. Dis-lui, toi… Je pars dans un mois.

Mais je ne lui ai pas dit.

# 6

Ce message-là, je l'ai gardé pour moi.
Caché au fond de moi, il n'a pas circulé, il s'est arrêté là.

C'était trop, trop violent, trop lourd et bouleversant. On aurait dit un remake du divorce, un cauchemar récurrent, un écho du malheur, une fin d'après la fin qui n'en finirait pas.

Je ne pouvais pas l'annoncer à ma mère. J'en voulais à mon père, il n'avait pas le droit de me faire lui faire ça, me demander un coup de main pour lui porter un coup bas. Le coup de grâce ?

Bien sûr elle ne l'aimait plus, elle n'en voulait plus, je crois bien même qu'elle ne le regrettait plus. Depuis quelque temps elle avait rallumé ses lumières et retrouvé des rires. Son téléphone, à nouveau, sonnait, elle achetait des fleurs jaunes au marché, cuisinait du vrai manger, lisait autre chose que des romans policiers, et ne regardait plus la pluie couler et la noyer. Elle allait mieux, elle allait quelque part, et je ne voulais pas prendre le risque de la revoir s'émietter, se perdre et disparaître. Comment savoir si cette désertion n'allait pas lui faire ce que ça me faisait, si elle n'allait pas se sentir par trop abandonnée ?

Comme moi je me sentais. Pourquoi, papa, pourquoi ? Pourquoi tu me requittes ? Pourquoi tu pars et me laisses derrière toi ? Je ne compte donc tellement pas ? Je ne serai plus qu'à elle ; mais j'étais aussi fils de toi ! Tu dis que je peux t'appeler quand je veux : mais plus à mon secours. Car tu seras bien trop loin pour y venir. Tu promets qu'aux vacances on rattrapera le temps perdu : mais tant de temps perdu, ça ne se rattrape pas !

J'avais déjà si peu qui me restait de toi, de tout ce qui faisait toi quand tu vivais juste à côté de moi : ta drôle de tête froissée et maussade au réveil, ton odeur de tabac, de chewing-gum et de cuir, le bruit de tes clés se battant dans tes poches, ta voix grondeuse, râleuse, une si bonne voix ; ta présence puissante, presque encombrante, si rassurante ; tes journaux, ta télé, tes furieuses envolées sur les hommes politiques ; tes plaisirs francs, tes colères subites, tes silences lointains.

Depuis le divorce je n'y avais plus droit que de quinzaine en quinzaine, deux jours un soir et un matin toutes les deux semaines. Le quotidien était devenu un *quinzetidien*, modeste mais régulier, familier, grâce auquel, bien qu'assourdi, tu rythmais encore un peu ma vie.

Mais là, je vais te perdre et tu disparaîtras. Chaque jour qui passera t'éloignera de moi. Quand je viendrai te voir, dans beaucoup trop longtemps, tu ne me sauras plus, je ne te (re)connaîtrai pas. Nous serons mal à l'aise, empruntés, jouant au père et à son fils. Mais tu ne seras plus *mon* père et je ne serai plus *ton* fils. Perdu le chemin qui nous (a)menait l'un chez l'autre ; oubliée la langue paternelle, celle sans mots tendres mais pourtant, sans grands mots mais dedans.

Nous ne serons plus que des parents éloignés.

Alors je te regarde et c'est le dernier soir. Tu as les yeux ailleurs et le geste brutal, c'est toujours comme ça quand tu as de la peine. Tu parles fort et dur pour faire taire la voix qui pleure au fond de toi. Tu me fais mal exprès pour supporter le mal que tu me fais pas exprès. Tu joues à l'homme sans cœur pour ne pas le sentir se briser et te briser. Tu écrases le chagrin pour qu'il n'existe pas.

Mais il existe, papa !

Et puis c'est au revoir, tu démarres et tu pars. Et lentement je rentre, tout gris et tout petit.

Sans rien dire.

Parce que si je ne le dis pas, si je ne le dis jamais, peut-être que ça ne sera pas, que ça n'arrivera pas, cette fin triste là dont je ne voulais pas : mon père, vraiment parti.

Mon père plus là.

# 7

Alors c'est décidé.

Je cesse d'essayer.

À partir de maintenant, je serai divorcé.

Je me sépare d'eux séparés.

J'arrête la vie commune, morte de solitude. Je quitte les quitteurs et me confie à moi-même, puisqu'ils ne sont pas dignes de confiance.

Ce soir, je divorce de leur divorce.

Mon hâtif procès se déroule dans ma chambre, à huis très clos, avec moi seul à la barre, tour à tour plaignant, avocat et juge.

Je demande le droit de divorcer de mes parents, car l'un est trop loin et l'autre trop là, et que dans cet écart-là je suis écartelé.

Je plaide que cet enfant, ce petit moi qui rage, a besoin de passer un peu de temps en paix seul avec moi, pour se (re)trouver.

Je juge que oui, oh oui, j'ai ce droit-là, et même ce devoir, et que c'est pour mon bien.

Et je me déclare officiellement divorcé.

À mon unanimité, ma garde est attribuée conjointement à ma mère presque tout le temps, à mon père pendant les vacances, et à moi-même un week-end sur deux.

Seulement dans chaque week-end il y a une nuit : où serai-je sans danger, où pourrai-je m'allonger, comment dormir tranquille dans la ville excitée ?

Bien sûr, je pourrais rentrer coucher à la maison le samedi soir. Je dirais à ma mère que je ne veux plus passer la nuit chez mon père, à cause de... parce qu'elle... et que ça me gêne quand... enfin, tu comprends, non ? Et elle comprendrait, oh oui, je crois même que ça lui ferait plaisir, un plaisir grinçant. Seulement ça n'irait pas, partir que la journée ça ne serait pas assez, ça ne serait pas en vrai.

Aller chez un copain ? Une fois, pourquoi pas, mais pas à chaque fois. Car si je le disais, si je me confiais, ça ne serait plus mon secret. En le partageant je perdrais ma liberté.

Soudain je me souviens de l'appartement de mes grands-parents, au 3, rue du Jour. Ils n'y habitent plus, le louent depuis longtemps à une famille ou l'autre. Mais ils ont gardé pour eux, pour moi en fait un jour, quand je serai grand, quand je serai étudiant, la petite pièce au septième étage qui va avec le quatre-pièces du deuxième, un réduit sans confort qu'on appelle chambre de bonne.

Ça sera ma chambre d'homme !

Ma chambre de petit bonhomme…

# Deuxième partie

# 8

Et voilà, c'est maintenant.
Ça commence aujourd'hui.
Mon premier tour de garde.
Mon premier week-end divorcé.

À partir de ce matin jusqu'à six heures demain, je ne serai pas un fils, je ne serai qu'un moi.

Je ne serai pas leur fils, je ne serai qu'à moi.

Mais qui c'est, ce moi sans eux ?

Suis-je même, sans eux ?

Je ne sais pas encore, je ne me connais pas. Et ce n'est que seul que je me trouverai. Alors, vaillamment, je me mets en quête de moi, je pars à ma recherche.

Mais si je me perdais ?

Et j'ai peur, soudain, du vide que je devine, du seul qui seul m'attend, de la liberté terrifiante qui s'ouvre en gouffre sous mes pas. Et si… ? Mais quand… ? Et que… ? Une foule menaçante de ??? se referme sur moi et me paralyse. Envie de me cacher, de me laisser tomber.

Mais je me secoue, ne pas trembler, ne pas flancher, ne surtout pas reculer. Après tout, c'est moi qui ai prononcé mon divorce, moi qui ai jugé, jugé bon, jugé juste, cette garde alternée. Je ne vais quand même pas me mettre hors ma loi !

Alors je bâillonne l'enfant terrorisé qui pleurniche en moi, j'ignore ses frissons et ses hésitations. Dans un sac je fourre un pull, deux barres de Mars et mon MP3. Je trouve dans un tiroir du secrétaire les clés de la chambre de bonne et le code de l'immeuble. Je prends un peu d'argent et vérifie que j'ai bien mon portable, pour quand même rester relié à la planète mère. Et je me prends par la main pour me jeter à la rue !

Dehors, et je vacille, le souffle tout affolé. Je n'ai rien décidé, je ne sais où aller ni par quoi commencer. Avant même de partir je me sens égaré. Les gens passent, affairés, déterminés. Peut-être peuvent-ils m'aider ? Pardon madame, savez-vous où je vais ? Excusez-moi monsieur, mais c'est par où, ma liberté ?

Personne ne répond car personne ne me sait. Alors je lève la tête, le vent prend mes cheveux et un petit bout de soleil me sourit gentiment. Ça va, ça ira, la journée est immense et moi je suis vivant. Je respire en grand, le libre, ça enivre, le libre, ça sent fort, et ça attend beaucoup.

Et je m'en vais…
à l'aventure…
en courant !

Je cours à corps perdu, je cours à corps trouvé. Ce corps, hier encore fatigué et recroquevillé, je le sens qui se déplie, se déploie, se défroisse, je le vois qui grandit et qui va s'envoler. Parce que je suis libre pour la première fois, sans personne qui m'attende, sans famille qui m'encadre, sans projet qui me bride. Seul au monde et c'est bon, je suis un nouveau-né, un être neuf aux mille possibilités. Comme une page blanche, une ardoise vierge, une fenêtre ouverte. Quelle sera mon histoire, qui découvrirai-je dans ce miroir ?

Devant moi s'étend la journée, frémissante, mystérieuse, riche de tant de surprises. Je n'ai pas d'emploi du temps, que du temps sans emploi, du temps libre. Pour la première fois j'ai tout MON temps.

Je cours et le vent vient, il me pousse, m'accompagne et m'aide à m'en aller. Il sait ce que je ne sais pas et je lui fais confiance, ce vent-là ne ment pas, mon cœur qui bat le sent. Je cours et j'entends une musique folle, j'ignore qui la joue mais elle est née de moi, une musique qui crie et je ne sais pas de quoi, de fureur, de bonheur, de peur ou bien de joie.

Je cours et ça fait peur, mais ça fait vie aussi, ça fait vite, et envie. Je cours et ça pleure dans mes yeux, ça s'affole dans ma tête, ça panique dans mon ventre. Mais je cours, jeune et seul, délivré.

Et je ne tombe pas.

# 9

Les rues me poussent, les minutes passent, je m'essouffle et mes ailes se lassent. Les interrogations que je croyais avoir semées derrière moi me rejoignent haletantes et tout excitées : « Où vais-je ? Que faire ? À quoi puis-je m'occuper ? Et de quoi sera faite ma journée ? »

Tout m'attire mais rien ne me tente. La ville va très bien sans moi. Par où entrer ?

Et qui m'attend ?

Sous mes pieds, devant mes yeux, au bout de mes mains, s'étend à perte de vue et de souffle un énorme espace de liberté. Comment en profiter, comment le mériter ? Comment l'étreindre et le posséder ?

Traîner les magasins ? Ciné, et puis hamburger-frites ? Et pourquoi pas bowling, karting, nothing ? Ah non ! Je ne veux pas être de ces divorcés-là, qui ne savent pas où se mettre, qui errent sans rien à faire ni rien à se dire, et qui gâchent leurs heures ensemble à ne pas l'être, au cours de week-ends vidés de tout leur jus, de toutes leurs couleurs.

Moi, je veux savourer ma bonne compagnie, profiter de nous-un, moi et moi, seul et bien. Je veux que ce temps mien soit riche et scintillant, je veux de l'unique, du rare, du différent.

Alors ? Alors rien, alors je ne sais pas, on y va, on verra, ce qui doit venir viendra, et ceux aussi peut-être. Je me remets en marche, tranquille et bienveillante, le long des longues rues qui me caressent et ondulent. Le temps qu'il fait me plaît, on est en février mais il ne fait pas frais. Je suis bien, je suis, et c'est simple.

Pendant des heures, je me laisse *aller.* Aller où je veux, où mes pas me portent, où les visages me parlent, où les trottoirs m'attirent. Toute la ville m'appartient. Paris est ma maison, Paris est mon pays, il n'a pas de frontières, ses murs sont mes amis. Je peux marcher sans fin, nulle part n'est interdit. Je change de quartier comme on change de vêtements, baigne dans les familiers, explore les étrangers, me perds sans panique, me retrouve sans surprise. Car c'est partout chez moi, chez moi c'est tout ça.

Je frôle la foule et ses visages changeants, saisis au vol quelques regards, me frotte à ses couleurs pour qu'elle m'en donne un peu. Je recueille des mots coupés, des bouts de cris, de bruits de vie, ça chante dans mes oreilles, c'est la musique des gens. Elle accompagne la mienne qui fredonne en sourdine, ma nouvelle mélodie, un peu triste, si jolie, qui parle de liberté.

## 10

Mais le soir commence à tomber, et moi aussi. Le sombre se rapproche, vaguement menaçant. Je n'ai plus de plaisir et je suis fatigué. Envie de rentrer quelque part, envie d'être espéré. Mais personne ne m'attend, que moi, qui n'attends que moi. Alors je me dirige à petits pas lassés vers la rue du Jour, pour y passer la nuit.

L'immeuble aveugle ne m'accueille pas gentiment, il me regarde de haut, ne veut manifestement pas de moi. Comme un clandestin, je me faufile dans le hall, mal à l'aise et le cœur serré. Qu'est-ce que je fais là, ce n'est pas chez moi, ce n'est pas pour moi et je n'ai pas le droit… L'ascenseur m'enferme, il ne va que jusqu'au sixième, après il faut monter à pied. Dans l'escalier ça pue un peu, le fermé, le souper, le pas souvent lavé. Arrivé au septième, je longe le couloir, derrière les portes mal peintes je devine des histoires. Et derrière la mienne, y en aura-t-il une ? Est-ce qu'elle sera belle ? En serai-je le héros ?

Les clés accrochent un peu, un verrou et puis deux, la porte grince et frotte. Je l'ouvre en grand et je rentre dans…

… rien.

Il n'y a rien.

Que des murs, un lavabo, un sol brut et une minuscule fenêtre crasseuse.

Pas de table ni de lit, de cadres ni de tapis, pas de frigo, pas de toilettes, pas de musique, et même pas d'air ! Juste un peu de lumière venue du vasistas, mais qui déjà faiblit car c'est bientôt la nuit. J'ai l'impression de tomber, happé par tout ce vide. Je cherche du regard une lampe, mais ne trouve qu'un fil pendu, désespéré, me condamnant à l'obscurité.

Tant pis, me dis-je, ce n'est pas grave, pas besoin d'un palace, je veux juste un dortoir, un dormoir… Mais justement, où dormir ? Sur ce lino passé aux losanges ridicules ? Où vais-je poser ma tête ? Quoi pour me recouvrir ? Qu'est-ce qui me tiendra chaud quand je serai transi ? Et qui me ramassera quand je serai jeté tout seul dans la nuit ?

J'aurais dû y penser, j'aurais dû préparer. Maintenant c'est trop tard pour tout aménager. Furieux et inquiet, je ressors de la chambre, fais un détour par les toilettes communes, bizarrement propres, et dévale les escaliers sans attendre l'ascenseur. Dans une rue voisine je trouve un Monoprix et achète une lampe de poche et un drap pas cher. Heureusement que j'avais pris de l'argent pour manger bien et beaucoup. Tant pis, je mangerai mal et peu…

Mais tout de suite !

Les chips et les biscuits grignotés au fil de mes pérégrinations ne m'ont pas rassasié. Envie de chaud, de salé, de préparé. Seulement, où m'attabler ? Je n'ai pas l'habitude de décider de mon dîner. Il est toujours prêt ou bien accompagné. En passant, je regarde avec envie les restaurants brillants et odorants. Mais ils sont trop sûrs d'eux et moi pas assez, je n'ose pas y entrer en étant si enfant. Ils débordent de gens riants et élégants, d'étranges étrangers partout bien installés. Comment les côtoyer ? C'est moi l'étranger, je ne suis pas vivant comme eux.

Parce que je suis tout seul, si seul que c'en est effrayant.

De toute la journée, personne ne m'a parlé, ni même regardé. Personne ne me connaît et je n'ai plus de nom. Sans le regard des autres, sans leur voix, sans leur conscience de moi, c'est comme si j'avais cessé d'exister. Il n'y a que moi qui sais où je suis, que moi qui sais que je suis, et ça ne fait pas assez. J'ai peur de disparaître, j'ai peur de ne plus être. Que ce moi seul, qui tremble.

Tout comme ma poche, agitée par mon portable. Fébrile et soulagé, je le sors. C'est maman ?

Non, c'est papa !

La voix bizarre, serrée, parce que c'est son week-end avec moi et que c'est un week-end sans moi. Il le dit comme ça, et je ne réponds pas parce que si je parlais je crois que je me noierais. Ne pas craquer, malgré sa voix, ne pas pleurer, malgré pas là. Un court instant je manque tout lui avouer, lui déballer pêle-mêle mon silence, mon divorce, ma fuite et mon grand désarroi. Mais déjà il s'est mis à parler d'autre chose, avec des mots sans fond, des mots de tout le monde, son boulot, la montagne, et aux vacances de Pâques on se retrouvera, et toi mon grand, ça va ? Oui papa, sûr papa, merci papa.

Oh oui, merci papa. Car malgré la boule dure et mouillée qui se balade dans ma gorge, je me sens un peu mieux, j'existe un petit peu.

Pour ne pas me reperdre, je me dirige vers un lieu familier qui m'accueille sans méfiance ni mépris. Pas fier mais soulagé, je me retrouve, comme tout le monde, au McDo. Finalement, je suis quand même un peu de ces divorcés-là... Je mange en affamé, je bois comme une tétée. Le chaud me réconforte, le sel me donne des forces, le gras me caresse et le sucre me console.

Et quand j'ai tout fini, je me lève et je rentre.

À la maison.

La maison seule.

# 11

La maison froide.

On croit qu'une maison, c'est forcément chauffé. Mais non, il faut payer, et que ça soit installé. Or cette chambre nue n'a rien à proposer, rien qu'on puisse allumer ou brancher. Elle me regarde muette, sans rien manifester, ni regret ni pitié ; elle, elle est habituée. Pas d'aide à en espérer, je n'ai qu'à me débrouiller.

Engoncé dans mes habits, à la lueur lugubre de ma lampe de poche, je prépare mon coucher. Je choisis un espace juste sous le vasistas, ainsi je verrai les étoiles, enfin, s'il y en a… Armé de mouchoirs en papier, je vais au lavabo pour les mouiller, mais le robinet est sec : rien n'en sort. Jamais encore je n'avais vu de robinet mort ! Mais c'est normal, pas d'eau, pas de lumière, pas de meubles, pas de vie, sauf la mienne, vacillante, qui n'y croit presque plus !

J'essaie de cracher sur les mouchoirs, puis me résigne finalement à aller sur le palier prendre de l'eau au lavabo commun et en profiter pour passer aux toilettes. Je m'y précipite, en haletant de peur, et si quelqu'un venait, si quelqu'un me voyait, si quelqu'un me prenait, si quelqu'un me tuait ?

Revenu hors d'haleine, je ferme le verrou, et guette en tremblant les méchants.

Mais personne.

Sauf dans mon téléphone. Un SMS sonne. C'est papa ?

Non, c'est maman !

Qui me demande simplement : *Est-ce que ça va ?* Elle y met toutes les lettres, et même la cédille, le trait d'union et le point d'interrogation, comme une vieille maman pas moderne, une vieille maman que j'aime.

Oh non, ça ne va pas. Comment sent-elle toujours quand moi je ne vais pas ? Mais je ne réponds pas ça, j'écris juste (sans cédille) : *ca va mama.* Et après, ça va un peu moins mal et je me remets à mon travail.

Consciencieusement je frotte le sol à l'aide des mouchoirs humides. Heureusement que ma lampe éclaire mal, ça fait moins de sale à nettoyer. Puis j'essaie d'étaler le drap que j'ai acheté, mais il m'échappe, sautille, ne veut pas obéir et se recroqueville… Mon Dieu, quel imbécile, j'ai acheté un drap-housse ! Furieux, je m'y entortille de la tête aux pieds, ça me fait comme un écrin, une enveloppe. Je suis un gros bébé en blouson de cuir noir, langé dans du bleu pâle, et qui voudrait pleurer.

Mais comment être malheureux quand on est ridicule ?

J'éteins la lampe, mais sans elle le noir est trop violent, alors je la rallume, pour qu'elle me tienne la main. Pas d'étoiles au-dessus, bien sûr, je n'y ai pas droit. Juste une lueur, celle de la ville, en bas, qui continue sa vie. J'y agrippe mes yeux, ça me rassure un peu, et j'éteins enfin.

Et ça me tombe dessus.
La peur.
Le froid.
La solitude.

Je suis petit enfant qui appelle sa maman, parce que la nuit est noire et que la vie est triste, parce que je suis seul au monde et veux abandonner. Épouvanté je gis, sans oser rien bouger, les yeux guettant les ombres, les oreilles aux aguets. Pourquoi il y a du bruit ? Pourquoi il n'y a pas de bruit ? Qui sont ces monstres en foule qui se massent et menacent ? Je tombe et tombe et tombe, dans mon seul sans fond. Je suis perdu, me suis perdu, ai tout perdu. Il y a quelqu'un ? Vous m'entendez ? Vous m'attendez ? Mais personne ! Car personne ne sait où j'existe. Inexorablement je me sens disparaître, noyé d'insignifiance, happé par le néant.

Mais le froid assassin me rappelle à la vie. Je tremble tellement que j'en oublie que je suis seul et trop petit. Car j'ai froid, j'ai froid, mon Dieu comme j'ai froid ! Mes doigts sont raidis, mes pieds tout engourdis et mes membres transis. Je n'ai plus que mon ventre de chaud, et tout mon corps jaloux essaie de s'en rapprocher en se roulant en boule autour du petit feu. Mes mains glacées s'y collent en mendiantes exigeantes. Mais mes pieds, mes pauvres pieds gelés, exilés tout en bas, ne trouvent rien ni personne qui puisse les réchauffer.

Je ne savais pas que je n'avais jamais eu froid. Que les chutes dans la neige, les petits matins humides, le cross en EPS dans le stade givré, ce n'était rien au fond qu'un froid tout juste frisquet, des frissons de mauviette, du glacé tempéré.

Mais ce froid qu'il fait là, on ne peut penser qu'à ça. C'est le vrai, le total, le froid qui gèle tout, le froid plus fort que tout, celui qui paralyse les corps, et après on s'endort, et après on est mort.

Et toute cette blanche nuit je la passe en saccades, je dors et puis sursaute, je me plains et frissonne, je rêve que je ne suis pas là, j'ai froid, mais ne meurs pas.

# 12

Une lumière blanche, sèche, stridente, me réveille. J'ouvre les yeux et réfléchis à toute vitesse. S'il y a de la lumière, c'est que c'est le matin. Si elle me réveille, c'est que j'ai dormi. Mais alors… j'aurais vaincu la nuit ?

Eh oui !

Une par une je récapitule toutes mes informations : qui je suis (un divorcé), où je suis (en Alaska), quand je suis (en week-end), comment je suis (gelé mais pétulant). Bonjour celui-moi, ravi de me retrouver vivant et bien content !

Je me lève d'un bond et manque m'écrouler. Mes membres sont tremblotants et ankylosés ; où est passé leur sang ? Il va revenir, lentement, doucement, si je les frotte un peu, les fais bouger tout petit à petit. Je me traite gentiment, j'ai droit à mes égards après ma victoire sur la nuit et ses monstres. Où sont-ils, d'ailleurs ? Existent-ils seulement ? Mes terreurs se tapissent, honteuses, elles se sentent ridicules d'avoir fait tant de bruit pour rien. Je leur souris gentiment, allez, ce n'est pas grave, rendormez-vous, mais ne recommencez pas à vous exciter comme ça, je ne veux plus vous entendre.

La peur, il ne faut pas la laisser hurler.

Malgré la fatigue, je me sens (presque) tout-puissant, comme un soldat solitaire qui aurait gagné sa guerre. Une guerre d'enfant, certes, mais de grand enfant, parce que sans aucun parent. Je me sens fier de ça, je suis confiant en moi.

Je n'ai pas craqué (j'ai juste tremblé).

Je n'ai pas pleuré (j'ai juste appelé).

Je n'ai pas fui (j'ai juste dormi).

Avant de partir, je jette un dernier coup d'œil autour de moi. Décidément, cette chambre froide est un tombeau. Quand j'y reviendrai, car j'y reviendrai, j'amènerai du chaud, du bon, du chez-moi.

Je claque la porte et descends en courant, dehors m'attend, dehors m'appelle, et je réponds « présent ». Je pousse la porte cochère et derrière… c'est l'été !

Enfin, presque…

Il est encore très tôt et la ville s'est lavée. Il fait gentil et il fait gai. Tout me semble normal, les rues, les gens et moi. C'est bon d'avoir fini la nuit, c'est bon d'être demain, avec sa lumière vive et ses odeurs de matin.

Ses odeurs de pain.

J'ai faim !

À la hâte je me dirige vers un café bienveillant et y pénètre en conquérant. Ça sent le café, ça sent la maman. Presque à l'aise, je m'installe au comptoir et je commande d'une voix vibrante :

– Un café, s'il vous plaît.

Avec du lait.

Et deux croissants…

Même si je n'en bois pas, d'habitude, mais là j'y ai droit, j'en ai même le devoir : je ne suis résolument plus un petit chocolat ! Je suis passé de l'autre côté, celui du comptoir, où trônent les affairés qui sirotent leur café amer, fort et corsé…

Mais moi j'y mets plein de lait et encore plus de sucre.

Il coule chaud dans ma bouche qui a eu tellement froid, il coule chaud dans mon ventre qui se sentait si seul. Avec délectation je déguste les croissants croustillants, ils ont meilleur goût que tout, un meilleur goût qu'avant. Parce que j'ai eu besoin, et pas seulement eu faim, parce que j'ai manqué, et pas que de manger.

Alors j'accueille ces joies, tous ces jolis plaisirs – la gaieté du matin, mes forces retrouvées, ce petit déjeuner au goût si prononcé – avec reconnaissance et une grande émotion, comme des amis que je croyais perdus.

Mais non.

Ils m'attendaient.

# 13

Ce qu'il faudrait maintenant, c'est pouvoir me laver. Me baigner. M'immerger ! Enlever la poussière de la rue, les marques de fatigue, la saleté installée, les crampes de la nuit. Je rêve d'eau dégoulinante, chaude et transparente, de savon moussant et odorant, d'une serviette moelleuse et immaculée, d'habits frais repassés, brillants de propreté. Je rêve d'un peigne grattant, de gel vivifiant, d'un parfum d'homme fringant et d'une brosse à dents.

Mais hélas, je dois me contenter du lavabo miteux des toilettes du café, avec son filet d'eau tiédasse qui m'humecte chichement le visage et le bout des doigts, et d'un chewing-gum en guise de dentifrice.

Je compte mon argent, grandement diminué. Il me reste si peu d'euros que c'en est une pitié, à peine de quoi me payer à grignoter, pas assez pour un ciné ou une activité. Je vais devoir m'occuper sans rien débourser. À quoi, je ne sais pas, mais ça ne m'inquiète pas. Je suis bien avec moi, je m'entends drôlement bien !

Je me remets en route, à petits pas flâneurs, faisant partie de tout, faisant partie de rien. Les gens s'affairent tranquillement, en course ou en courses, le dimanche pour eux, c'est jogging ou marché. Pour moi, c'est liberté… Mais je ne les méprise pas. Je me dois d'être tolérant, d'habitude moi aussi ce jour-là je suis un occupé : obligé de dormir le plus d'heures possibles pour bien profiter, et puis après télé, traîner, téléphoner, MSNer, et penser à tout le travail à faire pour le lycée, y penser tellement que ça prend tout mon temps, et déjà c'est le soir alors il faut bien dîner, et après, mon Dieu je n'ai encore rien fait !, alors bâcler les devoirs, me gaver de leçons, me coucher bien trop tard, énervé, épuisé, dégoûté. Je crois bien que je déteste être endimanché !

Mais ce dimanche j'aime, ça me va, de n'avoir rien à faire et rien à ne pas faire, puisque tous mes devoirs, les scolaires et les filiaux, m'attendent à la maison.

Pourtant, tout en me félicitant d'être aussi magnifiquement désœuvré, je commence un tout petit peu à m'ennuyer. C'est qu'hier, j'ai déjà tant et tant marché, et tant et tant regardé ! Pas si envie que ça de recommencer, mes jambes sont fatiguées et mes yeux désabusés. Les gens n'ont pas changé, la ville n'a pas bougé, et je sais qu'il ne va encore rien m'arriver.

Et puis il y a une ombre en moi qui masque le soleil du ciel, une angoisse qui grandit et me met mal à l'aise. Je ne la connais pas, elle n'a pas de nom et pas même de visage. Je n'arrive pas à la cerner, l'attraper, la plaquer au sol et lui régler son compte. Tout ce que je sais d'elle, c'est qu'elle est de la famille des contraintes, qu'elle est méchante et puissante, obsédante, que je ne vais pas réussir à lui échapper et qu'elle va me gâcher ce dernier jour de liberté… dernier… jour…

*LE DERNIER JOUR D'UN CONDAMNÉ* !

Oh mon Dieu !

Je devais le lire.

Avant demain.

Et je n'ai pas commencé.

Je l'ai juste acheté, il y a deux mois, et pieusement déposé sur ma table de chevet où il s'est lentement empoussiéré. Je me disais : « demain je le lirai », « samedi je m'y mettrai », « ce soir je commencerai ». Je croyais avoir le temps, mais le temps m'a trahi, il s'est enfui, et tous les lendemains sont finis.

Le dernier jour, c'est aujourd'hui !

Et le condamné, c'est moi…

Car il est trop tard, irrémédiablement. Comment faire en effet pour ingurgiter un livre entier en une seule soirée ? Et puis je crois, je pense, en fait je sais, qu'il faut aussi faire une fiche de lecture, en disant qui et quoi et comment et pourquoi, et moi je ne sais pas, et donner son avis, mais moi je n'en ai pas !

Alors lundi à onze heures, lors du devoir sur table en cours de français, au lieu de traiter le sujet imposé, la mort dans l'âme je prendrai mon stylo et écrirai avec mon sang un texte intitulé « Le dernier jour d'un condamné à lire *Le Dernier Jour d'un condamné* »... et qui ne l'a pas fait. Et qui doit bien l'avouer.

Je vais rater, sécher, me planter.

Et je déteste ça.

Et je me déteste moi.

Tout en me fustigeant, mes pas rageurs m'ont conduit jusqu'à Beaubourg et ses vieux tuyaux colorés. Beaubourg, c'est un musée où je n'ai jamais mis les pieds. C'est aussi une immense bibliothèque. Peut-être qu'il y aura un exemplaire du livre qui m'attend chez moi depuis mille cinq cents ans. Ou bien un résumé. Ou un film. Quelque chose qui m'évitera de mourir de honte.

Oui, il y est, en plusieurs exemplaires, c'est super, je vais pouvoir le lire treize fois...

En soupirant bruyamment, mais au fond un peu content d'avoir quelque chose d'intelligent à faire, comme tous ces étudiants qui réfléchissent ouvertement, je me mets à lire.

Et relève la tête une heure après.
C'est fini ?
Oui.
Déjà fini.
Et j'ai bien aimé.
Comment ça se fait ?

Pour me récompenser, je vais aux toilettes et chercher à manger. Pas trop envie de sortir du cocon de la lecture, du duvet des idées, des couvertures de livres. Alors j'achète, à la cafétéria du premier étage, un sandwich et une cannette puis retourne à la table qui est devenue *ma* table, pour continuer sur ma lancée.

Mais je n'ai rien pour écrire, et je me vois mal rédiger ma fiche sur mon portable en langage SMS. Je louche jalousement sur mes voisins, tous super équipés de blocs magnifiques, de stylos colorés et de milliers de Stabilo, et humblement je me résigne à faire la manche, la manche de l'intello : « S'il vous plaît, pardon, désolé, je ne veux pas vous déranger, mais auriez-vous un peu de papier à me donner, un bout de crayon à me prêter ? »

L'un dit non, une autre ne répond pas, un troisième ne comprend pas et enfin une fille me sourit et me tend généreusement des feuilles blanches et un stylo bleu. Merci !

Pour lui faire honneur, mériter son petit don, je me mets à furieusement feuilleter, relever, noter, classer et rédiger, je me mets à travailler, en pleine journée. Et en pas tant de temps que ça, tout est fait et bien fait. Ravi, je contemple mon œuvre terminée. Ce soir je n'aurai plus qu'à recopier.

D'ailleurs ce soir est arrivé, je vais devoir rentrer. Je me lève et m'éloigne, léger et satisfait.

Ébloui par cette soudaine révélation, cette illumination.

Les devoirs maison, faut pas les faire à la maison !

# 14

La maison où j'arrive en même temps que le soir. On est tous les deux à l'heure, l'heure de la fin, la fin de la journée, la fin de ma liberté. Avant de pénétrer dans l'immeuble, je m'arrête un instant pour prendre congé de moi. Je suis ému et un peu triste à l'idée de me séparer. Toutes ces épreuves et ces joies partagées m'ont beaucoup rapproché. Je me suis bien aimé… Mais je me retrouverai ! Bientôt, dans quinze jours, à mon prochain week-end de divorcé. Je ne me quitte pas vraiment, c'est juste une mise en retrait provisoire de ce moi seul secret, au profit du moi officiel qui refait son entrée, entouré, aimé, choyé… et qui pourtant se sent, parfois, abandonné.

Mais qui semble tout content d'être enfin rentré.

Quatre à quatre je grimpe les escaliers connus. Sous la porte un rai de lumière me fait un clin d'œil et quand je pénètre dans l'appartement une odeur de maison m'accueille chaleureusement. De la cuisine me parvient la question idiote de maman : « C'est toi ? » Alors je lui crie « Non ! » et je cours l'embrasser.

Elle me demande comment c'était, et je réponds : « Comme d'habitude, tu sais… » Et elle croit qu'elle sait.

Mais elle ne sait pas. Et ça me fait pitié de tant lui cacher.

Je me sens soulagé, excité, enivré, comme un naufragé qui a retrouvé le port, comme un rescapé qui a frôlé la mort. J'étais donc en danger ?

Quand on est parti loin, on croit qu'on ne reviendra plus, on croit qu'on s'est perdu, on croit que sa mère, on ne la reverra plus.

Mais elle est là, par bonheur.

Avec sa voix qui coule dans mes oreilles comme un flot caressant. N'arrête pas de parler, maman, n'arrête pas de me soûler. J'ai la même sensation double que ce matin en dégustant mes croissants, le bonheur de la découverte allié à la douceur du familier. Ma mère, ce soir, est une viennoiserie !

Je remarque :

– Ça sent bon !

Elle s'étonne :

– Ça ne sent rien de spécial.

Je lui explique :

– Mais c'est ça qui sent bon.

Elle me regarde sans comprendre, lève les yeux au ciel d'un air faussement exaspéré et me rétorque :

– Eh bien pas toi ! Il n'y a pas de salle de bains chez ton père ? File te laver avant le dîner, sale fils.

Et je file, doux, tout content d'être à nouveau submergé d'affection, d'attention, de questions et de recommandations.

C'est bon d'être étouffé !

Je me retrouve ébloui, dans ma chambre qui m'attendait, avec son lit, son tapis, son ordinateur et son radiateur. Debout devant la glace, j'enlève lentement mes habits amis. Ils ont été fidèles et ne m'ont pas quitté. Ensemble nous avons vécu une forte aventure, collés et faisant corps. Mais il est temps de nous séparer, car ils sont tout fripés, fatigués, à bout de forces et de formes. Ils gisent à mes pieds en petit tas piteux et puant, comme une dépouille, celle du moi de moi qui lentement s'efface dans le miroir et finit de se dissoudre sous la douche.

La bonne et douce douche ! L'eau chaude et bienfaisante me ruisselle sur le corps avec générosité et elle me régénère. Elle nettoie ma fatigue mais décolore mes expériences. Quand j'en sors, propre et neuf, revêtu de vêtements sans histoires, je suis redevenu le moi de ma mère, et mon week-end n'est plus que souvenirs.

Puis on dîne et je trône à ma place, ravi d'être nourri et observé. Le repas est bien chaud, comme l'est le regard de ma mère sur moi qui me voit, comme le sont ses mots qui me parlent à et de moi. J'ai eu si froid de tout !

De retour dans ma chambre je recopie ma fiche avec la même intense satisfaction devant le travail bien fait que quand je traçais mes premières lettres en CP. Cela fait dix ans que je ne m'étais pas senti bon élève ! Mon sac de week-end se vide et redevient banal sac d'école. Et enfin je me couche, scandaleusement tôt. « Tu n'es pas malade ? » s'inquiète ma mère. Non, pas malade, juste fatigué, épuisé, crevé. Juste déboussolé.

Qu'est-ce qui m'est arrivé ?

Est-ce que ça s'est passé ?

C'est vraiment terminé ?

Il ne va rien m'en rester ?

Mais dans mon lit, la lumière éteinte, je me retrouve. Intact. Je n'étais pas parti, pas noyé ni effacé. Je m'étais juste un petit peu caché. Comment pourrais-je me perdre, maintenant que je me suis trouvé ? Je serai toujours là pour moi.

Allongé dans le noir et le chaud, je me promets solennellement d'être un divorcé exemplaire : jamais je ne sauterai mon week-end et toujours je me laisserai libre. Et, tandis que le sommeil approche comme une marée, je laisse mes moments d'intimité, les doux et les durs, les forts et les flous, me recouvrir en vagues et m'emporter chez moi.

Je sais que je m'y attends.

# Troisième partie

# 15

Les deux semaines qui suivent trottinent vite. À la maison, je vis ma vie de fils, oscillant entre enfant riant rêvant, et ado ruant râlant. Pendant la journée, le lycée me recouvre de draps opaques et lourds sous lesquels je me débats mollement et suffoque. Je fais l'élève qui sait, ou essaie, ou se tait. Ou pas. Après (et parfois même pendant...) les cours, et le long du long week-end banal, je « sms-coca-MP3-filles-télé-vannes-pizza-console-football-facebook » avec les copains, une petite troupe bruyante de gars que j'aime bien, un ou deux vraiment bien, mais à qui, pourtant, je sais que je ne dirai rien. Car le seul ami que j'ai, mon vrai, c'est ce cher moi secret qui me sourit la nuit et attend patiemment, intensément, que je le rende libre.

Cette échappée prochaine, je la prépare avec soin, méticuleusement, comme un oiseau son nid, un ours son hibernation, un malheureux son émigration, un prisonnier son évasion. Car je suis un petit peu de tout ça, oiseau frileux, ourson maladroit, émigrant rêveur et prisonnier hargneux. Je veux que cette deuxième fois soit bien, sans peur ni froid ni sale. Ni seul. Enfin si, seul, bien sûr, car c'est ça qui est fort. Mais pas seul perdu, pas seul abandonné, sans repères ni passé. Je veux être seul heureux, suffisant, (r)assuré, me rappelant des avants et croyant aux après. Pas seul à en crever : seul à vivre.

Alors, pierre à pierre je bâtis un pont, caillou après caillou je sème un chemin, entre moi-ci et moi-là. J'amasse avidement un pauvre trésor de pacotille, fait de tout petits riens, de miettes de quotidien, de chutes d'habitudes, pour me lester, m'ancrer et ne pas m'égarer.

Je vais farfouiller au sous-sol, d'où j'exhume mon sac de couchage du temps des randonnées. Il a pâli et sent la cave, mais ça n'est pas grave, j'en ferai bon et chaud usage. Je le cache sous mon lit dans mon sac de sport, et bientôt d'autres objets dérisoires et banals viennent se nicher à ses côtés en attendant leur heure.

D'abord un savon rond et blanc, odorant, que j'ai piqué dans les provisions de propre. Pas de gel douche puisque pas de douche… Je prends aussi une brosse à dents neuve qui s'installe dans la salle de bains, et j'embarque la vieille, familière, avec ses poils hérissés, qui ressemble à ma tête au réveil. Pareil pour le dentifrice, nouveau tube lisse, gonflé et impersonnel pour la maison, et dans le sac le tube à moitié vide, explosé, martyrisé, fidèle baroudeur prêt à toutes les aventures.

Et puis des biscuits. Une torche puissante. De l'eau. Une serviette jaune, ça fera un peu de lumière. Et en très grand secret que je n'avouerai jamais, mon ours râpé de quand j'étais petit, doux et gris, si gentil, peluche de compagnie.

Et mon samedi revient, bien content et fin prêt. Cette fois je vais directement à la chambre pour l'apprivoiser. J'y dépose et dispose mes petites choses. Tout est à ras de terre, ça fait un peu guerre, campement de misère, mais quand même coquet et plus gai. Tout y est bien rangé, c'est un tout petit peu, mais ce peu est tout moi. Fier et satisfait, je ressors faire mon tour en ville.

Aujourd'hui il fait froid et je dois marcher vite pour semer les frissons. En fin de matinée, de la pluie menace, puis s'installe et me chasse de la rue. Je m'achète du pain, du fromage et des chips et me réfugie dans mon refuge (il est fait pour ça). Étendu sur mon sac de couchage, je regarde le ciel qui passe, la lumière me pleut dessus, les gouttes tapotent comme pour demander la permission d'entrer. Je suis dans une bulle de moi, un peu vide et floue, mais j'y flotte paisible. Du temps passe, pas compté. Quand la pluie s'en va, j'ai du mal à bouger. C'est parce que j'étais bien, allongé et en paix. Et en sécurité.

Tout le reste du week-end, je reste dans ma bulle sans la faire crever, occupé à mes petites activités, en toute tranquillité. Sauf la nuit venue, car dès que j'ai éteint, la peur me revient. Recroquevillé dans mon sac de couchage, les yeux écarquillés sur rien, j'écoute épouvanté le vide qui bruisse, se masse et se referme sur moi. Je sens que le mal rôde et mon trop seul m'affole. Je m'entends respirer, c'est que je suis vivant. Mais où sont tous les gens ? Est-ce que le monde est mort ? Pourquoi dans le noir on se sent si petit ? Pourquoi quand on est seul, on croit que c'est fini ?

Pour me réconforter, je me parle doucement, comme si j'étais mon bébé. Je me dis des mots doux, des mots bêtes qui bercent. Et je m'endors enfin, un petit peu calmé.

Parce que cette peur que j'ai, je la connais, elle m'est déjà arrivée, et au matin elle était arrêtée. J'en suis revenu, de ce voyage en obscure solitude. Il y a un retour, ça ne dure pas toujours. Après la nuit le matin, après la faim le repas, après la peur l'entrain, après la fin le nouveau, après le malaise le bien-être.

Et c'est ça que je fais.

J'apprends à être.

# 16

Les semaines passent, bientôt les mois, et je m'installe confortablement dans cet écartèlement. Je sautille de vie en vie et jongle avec mes trois moi. Comme un souple acrobate (ou un culbuto pataud…), je me balance dangereusement entre une mère trop présente, un père trop absent, et moi seul, trop seul.

Chaque fois que revient le week-end, je redoute d'être démasqué et que mon secret soit révélé. Mais ma mère, jamais, ne se doute de rien. J'essaie de me convaincre que c'est parce qu'il n'y a rien, rien de grave, rien de faux. Mais ça n'est pas vrai. Je me cache, je me tais, je laisse croire, je lui mens. Et ça me fait de la peine pour elle, ça me met en colère contre elle. Elle devrait voir, elle devrait savoir, que je pars tout seul, que je vis en danger, que je dors dans la peur, que je grandis sans elle. Elle devrait deviner, me gronder, m'empêcher. M'arracher les yeux, me coller au mur, hurler comme une folle, m'enfermer dans une tour ! Mais elle m'embrasse distraitement et me souhaite « Bonne journée ». Et me laisse partir comme si de rien n'était.

Mais c'est !

Mon père, dorénavant, n'existe plus qu'au téléphone. Je n'ai que ça de lui, sa sonnerie qui résonne, son nom qui s'affiche, son « Allô » impatient, ses mots simples qui ne disent rien, ses questions sans réponse, ses silences gênés, et ses promesses pressées avant de raccrocher. Il n'est plus qu'un père portable. A-t-il encore un corps, a-t-il même une vie ? Ou bien juste une voix qui est devenue tout lui, et qui à chaque fois réveille au fond de moi un volcan de souvenirs, de regrets et de manque, qui déborde et me recouvre d'une lave brûlante comme des larmes.

À lui non plus bien sûr je ne dis rien de mes week-ends de liberté. Avant c'étaient les siens, les miens, c'étaient les nôtres, et même si on ne faisait rien, on ne faisait rien ensemble. Mais il s'en est allé et les a oubliés. Ne se demande-t-il jamais ce qu'ils sont devenus, ces pauvres week-ends par lui abandonnés ? Je les ai ramassés, et dois m'en occuper, je dois les occuper. Car je ne suis pas comme lui, je ne me laisse pas tomber. Moi, je suis un fidèle divorcé.

Qui, de quinzaine en quinzaine, est ravi de me retrouver en privé, avec à chaque fois un peu plus d'affection et de complicité. Ce n'est que lors de ces journées solitaires et secrètes que j'ai l'impression de vraiment respirer et d'enfin exister : elles sont mon oxygène, mon shoot de liberté. J'y suis mon propre maître, mon prince, bon prince, et je règne avec bienveillance et indulgence sur moi, mon seul sujet.

Au fil des semaines, mon royaume s'enrichit de babioles bienvenues. Un coussin qui sent la maison et un tapis de sol qui sent le caoutchouc, pour le confort. Un grand poster plein de couleurs pour mon décor. Un transistor comme fond sonore. Avec, en prime, certains samedis soir, la télé des voisins qui s'invite sans vergogne. Je la maudis de m'envahir ainsi de ses beuglements, hennissements, cancanements. Ils m'empêchent de dormir et même de réfléchir. Mais pourtant ils ont quelque chose de bienfaisant, car ils tiennent à distance les méchants. La télé allumée est un bon talisman !

Je me suis constitué une petite épicerie, avec des provisions de biscuits, salés, sucrés, croquants, fondants, et des briquettes de jus et de lait chocolaté. J'y puise du réconfort quand il pleut fort dehors, ou quand la nuit soudain la panique m'étreint. Car manger ça rassure, manger c'est très gentil. Après on s'endort vite, écœuré mais réconforté.

Dans un bazar, j'achète pour pas cher un fauteuil en plastique fluo hideux, qui couine comme une souris quand je m'assieds dessus, essaie de me jeter à terre, me repousse furieux, puis se résigne et s'écrase, après une lutte sans merci, et me laisse m'y lover pour lire tranquille.

Car je lis, beaucoup, au moins tant qu'il fait jour, et il fait jour bien plus, bien plus tôt, bien plus tard. Je lis pour le lycée et je lis pour rêver, des livres d'il y a longtemps et des livres de maintenant, poésie ou BD, romans tristes ou bien gais, policiers, aventure, pensée et même amour. Régulièrement je lève les yeux pour contempler mon ciel, changeant et mystérieux, insaisissable, puis autour de moi ma petite chambre charmante, et je me sens en paix, arrivé, à ma place, sans désir d'être ailleurs, sans besoin de personne.

Ma routine est dorénavant bien installée. Marcher, manger, regarder ; entendre, attendre, comprendre ; espérer, travailler, rêvasser ; dormir, lire, réfléchir ; beaucoup moins grelotter, car on va vers l'été ; mais encore paniquer, dans la nuit refermée…

Et nager !

Car la grande nouveauté, c'est la propreté.

J'en ai vite eu assez de mon corps pas lavé que je devais traîner pendant ces deux journées comme un invité indésirable et collant. Mais pas assez au point de faire une toilette complète au robinet d'eau froide dans le couloir ! Je veux être un garçon soigné, pas un exhibitionniste gelé ! Heureusement, un jour, je suis passé devant la piscine du quartier et j'ai décidé d'y aller tous mes dimanches matin. Profiter des douches chaudes pour la propreté et du bassin d'eau froide pour l'effort, combiner l'hygiène et le sport.

Quand, mon week-end suivant, ma mère m'a vu sortir mon maillot et mon bonnet de bain, elle m'a demandé :

– Tu vas à la piscine avec ton père, maintenant ?

J'ai marmonné « oui », « oui » au complément de lieu, au complément de temps, pas « oui » au complément d'accompagnement…

– Il n'a pas de serviette à te prêter ? a-t-elle ajouté, bougon, en me voyant embarquer la grande bleue.

J'ai fait mine de la remettre en place, mais elle m'en a empêché :

– Vas-y, prends-la, et sèche-toi bien les cheveux, n'attrape pas la mort en sortant, mange quelque chose avant…

Et c'est ce que je fais, en fils obéissant. Le dimanche matin, après ma nuit (moins qu'avant, mais encore souvent, apeurée), je m'attable au bistrot et déguste mes croissants et mon café au lait, ou plutôt mon lait au café, en dressant mes plans et en faisant mes projets pour la journée. Une fois digéré mon petit déjeuner, je me jette à l'eau, la froide et puis la chaude, et me sèche vigoureusement, mets des vêtements propres, et me retrouve neuf et net pour m'atteler à mes activités.

Le samedi est libre, consacré aux dérives. J'ai pris de l'assurance, parle un peu aux passants et aux autres errants, m'approprie certains bancs, passe du temps gourmand dans mes appartements. Mais le dimanche, lui, est beaucoup plus organisé. En fonction du travail que j'ai pour le lycée, je choisis le lieu qui va m'abriter, m'aider ou m'éduquer et y passe le reste de la journée. Le dimanche, je fais mes devoirs au musée.

L'histoire au Louvre, où je retrouve les Grecs et le christianisme, et la Révolution au musée Carnavalet. Je déambule dans les salles profondes, admire les immenses tableaux, m'imprègne de leur ambiance sombre et colorée, examine de près les nus et les scènes de violence… Consciencieusement, je lis toutes les explications, et participe quelquefois à une visite guidée en me mêlant à un groupe à qui on parle français. Quand je me sens bien imprégné, devenu athénien, premier chrétien ou ardent révolutionnaire, je m'installe sur un banc au centre de cette beauté et me mets à apprendre ou à rédiger. C'est plus facile ainsi, c'est plus facile ici, car je baigne dans l'ambiance, je suis « dedans », j'« y » suis.

Pour les maths et la physique, je vais à la Cité des sciences et surtout au Palais de la découverte. Où je découvre beaucoup ! Je visite les expositions, participe à des ateliers, écoute des exposés et pose mes questions à des médiateurs enchantés d'avoir un auditoire intéressé. Après je m'assieds où je peux, là où il fait clair, et tout (presque) me semble simple, logique et évident... au moins pour quelque temps.

Le dimanche précédant un contrôle en SVT sur la dissection d'un cœur de bœuf, je suis tenté d'entrer dans une boucherie pour réviser, mais finalement renonce et me rabats sur le Muséum d'histoire naturelle...

Et bien sûr le français à Beaubourg. Et l'anglais, juste devant... Un jour, avant d'entrer, je suis abordé par trois jeunes Américaines à la voix stridente, aux yeux gais et aux jeans joliment moulants. Elles cherchent leur chemin, alors je les y mets, et en fais un bout avec elles. On parle et on rit, et on s'assied un peu. Elles sont si amicales que j'ose sortir mon devoir d'anglais. Elles m'aident à répondre à des questions tordues sur un texte plein de mots inconnus. Elles corrigent mes fautes, disent que les Français sont *« cute »*, et puis elles s'éloignent en me lançant une pluie de *« bye-bye »*. Mon devoir est fait, mais moi un peu défait. Ça fait vide le silence, après l'américain.

# 17

Et triste la parole, quand elle est fausse et creuse.

Pendant les vacances de Pâques, je vais passer dix jours chez mon père. Tout a été organisé par mon entremise, comme d'habitude, et ça m'arrange bien. Tant que mes parents ne communiquent pas, mon divorce reste une affaire privée. Mon père m'a envoyé le billet, et ma mère se contente de me demander :

– Il t'emmène où, ton père, cette année ?

– Il loue une maison dans les Hautes-Alpes (depuis le mois de février…), dis-je, en omettant le contenu des parenthèses.

– Tu ne vas pas t'ennuyer ?

Je hausse les épaules, d'un air exaspéré. Quelle drôle d'idée…

Mais quelle réalité !

Car le séjour se passe à m'ennuyer. Je suis venu retrouver mon père, mais on ne fait que se manquer. Lui qui m'a tellement manqué, je n'arrive pas à le trouver. Toujours en décalage, empruntés, maladroits, même le plus simple on ne sait plus le faire simple. Impossible de mener la vie de tous les jours juste pour quelques jours. Alors on fait semblant, de rire, d'être réunis. On ne sait pas comment dire, on ne fait que penser, et quand on se décide à essayer de parler, c'est toujours trop tôt trop tard, et l'autre ne répond pas ce qu'il doit. Dix jours d'occasions systématiquement ratées, perdus à parler sans se comprendre, se taire de plus en plus, attendre mais rien ne vient, tenter mais rien ne va.

Son amie papillonne, essaie de faire le lien, maladroite et bienveillante, mais ça ne sert à rien, elle s'agite en vain. Trop de jours ont passé sur trop de kilomètres. Nous nous sommes tant éloignés qu'il n'y a plus de trait d'union possible, plus de réunion. Nous sommes devenus deux routes parallèles, ou plutôt divergentes, parties d'un même point mais qui se tournent le dos, filent vers l'infini et ne se rencontreront plus jamais.

Et dire qu'avant je marchais confiant sur son chemin, qu'il me tenait la main, me montrait, me guidait... Mais il s'en est allé, m'abandonnant sur le bas-côté, dans le fossé. C'est à moi de faire ma route, à Paris loin de lui, même si c'était trop tôt et que je ne suis pas très prêt. Mais j'apprends, papa, les week-ends sans toi, j'apprends à être, sans toi.

Je voudrais qu'il m'en parle, de tout ce qui me fait mal. Mais il n'essaie même pas, je ne vaux pas cet effort-là, celui de deviner, d'affronter, d'assumer, celui d'expliquer, consoler, tenter de réconforter. Celui de réparer ce qui a été gâché, de rattraper ce qui s'en est allé. Au lieu de ça il se dérobe et rit faux, joue au cool, fait le rigolo, parle de ce qu'on va manger, regarde la télé, et me donne de l'argent pour se faire pardonner.

– C'était bien ? me demande ma mère au retour.

– Ouais, super, réponds-je.

Ce n'est pas un mensonge, juste un peu d'ironie. Parce que ce n'était pas bien, j'y suis allé pour rien. Chez mon père, il n'y avait personne.

Mais dans mes week-ends, si.

Ça vit.

Car petit à petit, je cesse d'être invisible. Graduellement je sors de l'ombre, je perds mon flou, et je me révèle, de plus en plus précis, de mieux en mieux défini. Alors les gens me viennent, et moi je vais à eux. On me bouscule, on me sourit, on me parle en passant, parfois en s'asseyant. Je lance quelques bonjours, donne un coup de main, tisse de petits liens, fugaces mais qui font du bien. Dans la rue ça se passe, au café, dans le métro, à la piscine ou au musée, au McDo du quartier ou sur mon palier. Parfois c'est trois mots, parfois trente, parfois cent. D'autres fois juste un sourire, un signe de tête ou de la main. Certains c'est juste une fois et il n'y a pas de lendemains, d'autres reviennent réguliers et deviennent familiers.

Comme tous ces jeunes gens qui habitent mon étage, des étudiants sûrement, qui rentrent souvent tard. Ils sont ébouriffés, gentils, indifférents. Ils vont toujours très vite, ils parlent toujours trop fort, ils brillent de tous leurs feux et semblent plus vivants que tous les autres gens. Un jour je leur ressemblerai, quand je serai plus fringant, plus sûr, quand je serai vraiment grand, invité tout le temps, de tous désiré, occupé nuit et jour et débordé d'amour.

Mais pour l'instant, ma seule forte relation, c'est Madeleine.

Je l'ai rencontrée un samedi où l'ascenseur dormait, elle peinait à monter l'escalier, alors je l'ai aidée à porter son panier jusqu'à son petit deux-pièces au quatrième étage. Et nous avons parlé.

Et elle m'a invité.

J'y vais régulièrement, même si je ne reste pas longtemps.

Elle a soixante-seize ans.

Et elle, elle est en vrai toute seule.

Si seule, que ça me touche le cœur et me le tord un peu. Elle n'a que des avants, et encore, pas tant, et pas d'après du tout, sa vie touche presque au bout. Elle va mourir bientôt, ça se voit à ses mains, au voile sur ses yeux, au frêle de ses os. Personne à ses côtés, avec qui partager la vie qui est passée sans que rien ne se soit passé. Elle a bien dû rêver, mais ce n'est pas arrivé. Qui a-t-elle attendu ? Est-ce qu'on l'a aimée ? Même de loin ? Un petit peu ?

C'est une demoiselle ancienne, une vieille jeune fille, une enfant flétrie, une poupée chiffonnée. Est-ce que je serai comme elle, encore là dans soixante ans ? À avoir attendu, que personne ne soit venu, à avoir espéré, que rien ne soit arrivé ?

Pas de révolte, pourtant, chez elle, rien que du doux résigné, et des petites manières surannées, un goût pour le sucré et une méticuleuse propreté.

Elle a tant à donner mais personne ne prend, tellement à raconter mais personne n'entend. Sauf moi, de temps en temps.

Je la laisse m'inviter à prendre le thé, un jus de fruits, des biscuits. Elle parle délicatement, en choisissant ses mots comme des petits gâteaux. Je la choque et l'amuse, avec mes gros mots, mes grands pieds, ma forte tête. Elle ne pose que les questions auxquelles je peux répondre, les études, le métier des parents, mes ambitions et mes lectures. Elle ne s'étonne pas de ne me voir que certains jours. Elle me prend comme je viens. Après je repars seul, et elle reste toute seule. Mais d'avoir partagé ce petit temps fait du bien. Deux seuls ensemble, ça fait un petit peu moins.

Un soir noir dans la rue un type furtif me suit, il traîne à ma traîne, marmonne des horreurs doucereuses, attrape mon bras et se serre contre moi, en me salissant du sale de ses yeux. Je le secoue, recule, crie « Laissez-moi » d'une voix étranglée, des gens normaux se retournent et il me laisse m'écarter en m'injuriant doucement. Je pars en courant à en éclater, vite vite VITE me sauver, il y a du mal derrière, il y a du danger, je suis comme un enfant qu'un ogre voudrait manger, je suis un enfant qu'un ogre veut manger. Je me retourne, plus là, je l'ai semé. Mais ma peur, cette fois justifiée, ne veut pas me quitter.

Alors en rentrant, épuisé et paniqué, je m'arrête chez Madeleine et me mets à pleurer. À mots balbutiants, à phrases reniflantes, à hoquets frissonnants, je lui raconte ce qui m'est arrivé, ce qui aurait pu arriver, ce qu'il risque d'arriver. Elle me fait la leçon mais ne pose pas de questions, me donne un peu à boire et beaucoup à manger, me rassure et m'apaise. C'est sûr, cette petite vieille frêle saura me protéger.

Et cette nuit-là, je dors sur son canapé.

Avec le chat.

# 18

Et puis une autre femme frappe à ma vie.

Une petite, fille, fine, différente.

Dans le métro qui attend, avec des yeux trop grands, de sombres vêtements, des mains d'encore enfant.

Assise sur un banc, le regard dans le vague, absente, évanescente, elle a l'air en souffrance. Comme un colis oublié, un sac abandonné, comme un passager qu'on ne serait pas venu chercher. Comme quelqu'un dont personne ne voudrait.

Mais moi, j'en veux !

Seulement je ne le dis pas, je m'assieds juste là. Avec elle j'attends, patiemment. Les métros viennent et repartent, et elle ne les prend pas. Elle est toute crispée, concentrée sur une peine que je devine immense, et n'a pas remarqué que près d'elle je veillais. Je la couve et l'admire à la dérobée. Avec son pull vert et ses beaux cheveux bruns, elle ressemble à une feuille d'automne au milieu du mois de mai, égarée, ballottée, rejetée, et qu'on va piétiner. Sauf que je ne les laisserai pas, car c'est une feuille précieuse, une feuille rare. Une feuille d'or.

Au bout d'un quart d'heure elle se lève pesamment, c'est normal, c'est si lourd, tout le malheur du monde. Elle monte dans le métro d'un pas lent, hésitant, et je la suis, et aussi quand elle descend, languissante. Elle sort en plein dans la lumière, et le soleil met ses cheveux en feu. C'est si beau ce contraste entre sa beauté fière et son air de misère. Ça la rend si touchante, ça la rend déchirante. Elle marche un peu, tourne au coin et entre dans un immeuble de la rue des Martyrs.

C'est sa rue.

Bien sûr !

Je repars troublé, l'humeur en hoquets, heureux et malheureux, confiant, désespéré. Trouvée puis envolée, regardée, pas parlé. Et après ? S'il n'y en avait pas ? Si je la perdais, si elle disparaissait ? Si elle n'était qu'un rêve et qu'il était fini ?

Le soir je ne dors pas, pour la garder encore, pour la voir toujours, peinte en délicat sur mes paupières chaudes. Je la veille, je la couve. Et quand enfin je sombre dans un petit sommeil, j'essaie de toutes mes forces de rêver d'elle.

Le dimanche matin, tout revigoré de la piscine, je retourne à sa rue et j'attends qu'elle me vienne.

Je l'attends si longtemps, j'attends si ardemment, qu'elle devrait le sentir et sortir, et venir. Mais elle n'apparaît pas et je la guette en vain, je la guette en aveugle : je ne connais même pas sa fenêtre. Et puis la pluie débarque et me noie avec tous mes espoirs. Mouillé, piteux, vaincu, je repars en pauvre chien, sans rien que le trou qu'elle a fait en traversant ma vie.

Quinze jours à la rêver, sa douleur, sa douceur, et sa fragilité. Je la connais déjà, car nous sommes pareils : dès que je l'ai vue je l'ai reconnue moi. C'est une âme en peine, une solitaire-née, une autre abandonnée. Elle a besoin qu'on l'aide, qu'on l'aime, qu'on l'emmène, qu'on veille sur sa peine. Tout ça je le ferai, je serai son chevalier. Je saurai, j'essaierai de bien la protéger, de la sauver de tous ses dangers. Elle ne se noiera pas tant que je serai là.

Je serai toujours là.

Et je suis là, le samedi revenu, devant chez elle, fidèle à mon non-rendez-vous. J'attends à peine, une heure tout au plus, et voilà qu'elle apparaît, parfaite, comme un cadeau. Mon Dieu qu'elle est jolie avec ses yeux pleins d'eau, son visage de perle, ses cheveux en buisson, son corps tendre et potelé. Tellement que j'en suis ébloui et que j'ose lui dire ce mot, son mot : jolie.

Elle rit.

Je lui souris.

Elle s'éloigne.
Je la suis.
Elle se retourne.
Je la rattrape.
Elle me questionne.
Je lui réponds.
Et nous marchons, et nous parlons, et nous rions, et nous restons.
Ça y est.
Nous existe.
Nous est !

Des heures à nous raconter, nous étonner, nous rapprocher. Elle veut savoir quel hasard m'a jeté dans sa rue. Je lui rappelle le métro il y a quinze jours de ça, sa souffrance évidente qui m'avait tant touché, et je l'avais raccompagnée sans qu'elle s'en soit doutée. Elle réfléchit fort et cherche dans sa mémoire, quel drame, quelle tragédie s'était déroulée. Et puis soudain elle s'écrie d'une voix déchirante :

– Ah oui, je m'en souviens ! J'étais désespérée !

Et elle ajoute en pouffant comme une petite fille friponne :

– J'avais si mal aux pieds…

# 19

C'est comme ça qu'elle est, Alma : gaie. Pas dramatique, pas tragique : plutôt comique. Et tellement magique que j'en suis envoûté.

Elle est ma jolie fée, ma fée de liberté. Je la vois tous mes week-ends de mai et de juin, lors des nombreux jours sans cours de cette fin d'année, presque toute la première semaine de juillet et la dernière du mois d'août. Partir en vacances c'est partir en souffrance ; un mois avec ma mère, un mois avec mon père, et c'est quand, le mois avec moi ? Avec Alma ? Alors je négocie, parlemente, argumente, invoque des cours à rattraper et des courses de rentrée. Je rogne sur mes parents pour gagner quelques jours d'elle. Ça nous fait plein de temps à nous, du beau, du bon.

Mais quand vient la rentrée, il faut nous rationner. Je ne m'autorise plus Alma que lors de mes week-ends une semaine sur deux. Entre, il y a MSN, le téléphone, les SMS, les MMS et les rêves. Entre, il y a le manque, où j'aime la chercher.

Mais Alma n'aime pas ça, et elle ne comprend pas. Pourquoi pas plus souvent, pourquoi pas tout le temps ? Bien sûr je lui ai raconté ma vie scindée en deux, expliqué mon statut d'intermittent du divorce. Elle a bien écouté, posé de vraies questions. Elle a compris ma révolte et a compris ma fuite, mais pas son absence à elle dans mes semaines, et certainement pas mon silence. Car le silence, Alma, elle ne connaît pas. Elle parle, elle, toujours : elle dit, elle crie, elle maudit. Dit qu'elle existe sans cesse, pas qu'un week-end sur deux, toute la journée et toutes les journées. Crie qu'à se voir si peu, à ce rythme imposé, ça va finir par faire de nous des divorcés. Me maudit moi et mes tortueux et tortureux tourments.

J'essaie de la calmer, de bien lui expliquer. Qu'elle est ma liberté, et que si je la mélange à mon temps de fils lié, domestiqué, je risque de la diluer, ou pire, de la noyer. Le seul qui la mérite, c'est le moi divorcé, l'indépendant, le téméraire, le responsable. Le seul qui soit respectable, et par moi respecté. Lui a droit à cette histoire, à cette belle-là. L'autre n'est qu'un enfant, banal et méprisable, encore esclave. À l'autre il n'arrive rien de bien. À l'autre il n'arrive pas Alma.

Et puis, je ne veux pas la partager, juste me la garder, protégée. Elle est mon bijou, mon merveilleux secret. Il n'y a que moi qui sait qu'elle est.

Elle comprend au fond, elle accepte plus ou moins, mais elle râle beaucoup et se venge un peu en faisant l'occupée, la débordée, la très demandée. Parfois d'ailleurs c'est vrai, car elle a des parents, quelques frères et sœurs, un seul appartement qu'elle doit habiter toutes les nuits, à plein temps. Elle n'est pas divorcée, Alma ; elle a toute sa famille.

J'aimerais bien qu'elle m'adopte…

Mais on se voit quand même le plus possible. Le samedi à midi, la fin de l'après-midi, ou bien un peu de soirée. Elle vient chez moi, ma précieuse invitée. Sur mon lit de fortune, sous le ciel attendri, on joue à se toucher à petites mains avides, petits baisers qui tombent, petits corps qui crépitent. Quand elle est là ma chambre s'anime, la couleur sort des murs où elle s'était tapie, notre chaleur se répand tout autour de nous, et la nuit nous recouvre avec bienveillance. Elle rit et ça me fait de la musique, elle me parle et ça me fait de la vie, elle me touche et ça me fait de l'envie.

Mon corps, par elle, a été réveillé. Il sent, là où avant il dormait, où tout était si flou, bizarre, pas vraiment né. Mais là il palpite, s'agite, s'affole, il veut prendre et veut prouver. Il cherche quelqu'un d'autre que moi à aimer. Il cherche Alma.

Seulement toujours il se fait trop tard, il faut nous déchirer. Je la ramène au métro, et rentre, déboussolé. Mais quand j'ouvre ma porte, quelque chose d'elle m'accueille, je la retrouve en traces, elle a tout transformé. Même quand elle n'est pas là je la sens près de moi, ou peut-être bien dedans. Et je ne suis plus seul, enfoui dans son absence.

Le dimanche, je passe la prendre après la piscine, quand je suis tout pétulant et rutilant, et elle encore molle et ensommeillée. On passe notre journée, ensemble, à tout partager. Même Madeleine, à qui je l'ai présentée ; elles se sont bien aimées. On travaille dans mes musées, on marche pendant des heures, sans forcément parler. Car même si elle est pleine de mots, elle sait aussi se taire et me laisser rêver. Et rêver, elle aussi, de son côté, à mes côtés.

Mais on se parle beaucoup, souvent, de tout. Elle a des idées que je ne connaissais pas, des manières, des coutumes qui m'étonnent et me charment. J'apprends avec Alma. Et puis on parle de nous. Elle se moque de ma tendance à tout exagérer, du drame qu'est ma vie, de tout mon compliqué. Je la pousse à se mettre un petit peu en danger. Pour elle la vie est simple, enfin, c'est ce qu'elle dit, ce qu'elle veut bien montrer.

Mais elle n'est pas si gaie : elle fait comme si. Je sais qu'au fond d'elle il y a du chagrin qui gémit, pour d'autres raisons noires, venues bien d'avant elle qui sont pourtant à elle. Elle a tant de colère, et des larmes soudaines. Mais elle finit toujours par son rire.

C'est bien d'écouter une voix différente.
De marcher à un autre rythme que le sien.
De partager le précieux de la vie.
De sentir un autre être être.
C'est bien d'aimer.
Et de l'être.

# 20

Samedi soir, Alma vient de partir. Encore tout chaud d'elle et un peu étourdi, je m'apprête à me coucher. Mon portable sonne, « maman », bizarre si tard. Je décroche.

Et ma vie explose.

Ton père a téléphoné !
Où tu es ?
OÙ TU ES ?
**OÙ TU ES ?**

J'entends ces mots hurlés, hululés, haletés, et j'entends leur écho, tué… tué… tué…

J'entends ma mère qui pleure parce que je suis parti.

Je l'entends en fureur parce que j'ai tant menti.

J'entends ma mère qui meurt parce que je l'ai trahie.

Et la honte me terrasse.

Sa voix stridente crie comme une sirène devenue folle.

Sa voix fêlée tremble et se brise en petites miettes mouillées.

Sa voix perdue bafouille en mots heurtés, d'où ressort comme une prière sa question hantée, où tu es, où tu es...

À laquelle elle ne me laisse pas répondre. Elle ne veut rien entendre, elle veut juste m'entendre, mais pas m'entendre parler, juste m'entendre l'écouter. L'écouter crier sans pouvoir s'arrêter, comme si c'était cette plainte qui l'empêchait de sombrer, m'empêchait de disparaître, nous maintenait liés. Elle se raccroche à sa colère et ne veut pas que je raccroche.

Alors je fais tout le chemin qui me ramène à elle, dans la rue, le métro, l'escalier, dans la nuit, le portable collé à l'oreille, à recevoir son appel. Ses cris et ses sanglots peu à peu s'espacent, remplacés par des reniflements et un grand silence frissonnant. De temps en temps elle vérifie que je suis toujours là, vivant et revenant, elle m'appelle par mon nom, m'écoute respirer, me laisse un petit peu la rassurer, oui maman je suis là, j'arrive, ne t'inquiète pas, maman je t'en prie, maman ne pleure pas. Mon téléphone sans fil a retrouvé le fil : il est le cordon ombilical qui re-lie nos vies.

Je pousse la porte et elle est là, dans l'ombre, m'attendant, petite et vieillie, enlaidie de chagrin et de soucis. Et tout ça, c'est ma faute ! Elle se jette sur moi, me gifle et m'embrasse, me serre à m'en briser puis me rejette loin d'elle, et se met à parler en torrent déchaîné :

– Depuis quand tu me mens ? Qu'as-tu fait de ce temps ? Où étais-tu parti, avec qui, et chez qui ? Qui s'occupait de toi ? Qui osait te toucher ? Pourquoi t'es-tu sauvé ? Pourquoi m'as-tu fait ça, à moi, ce mal-là ?

Ses questions, ses reproches, sont ceux d'une femme bafouée. Car c'est ça que j'ai fait : je l'ai abandonnée. C'est ça qu'elle croit qu'elle est : une mère trompée.

Mais maman ce n'est pas vrai, c'est pas comme ça que c'était ! Tromper avec soi-même, ce n'est pas vraiment tromper. Je n'ai pas voulu te quitter, juste me retrouver.

Mais elle pleure qu'elle m'a perdu.

– Toute cette vie de toi dont je n'ai rien su ! Tes repas, tes habits, tes affaires, tes horaires, tes humeurs, tes bonheurs : tout toi m'a échappé. Peut-être que tu as eu peur et je ne t'ai pas consolé. Tu t'es mis en danger et je n'étais pas là pour te protéger. Tu es parti vivre loin comme si j'avais fini, tu es parti vivre sans comme si j'étais finie.

– Mais je ne partais pas vraiment, je faisais juste semblant. Et ce n'était que pour deux jours, je revenais toujours.

– Mais *qui* est revenu ? Je ne te reconnais plus. Je ne t'ai pas vu changer, mais tu m'es devenu étranger. Si tu n'es plus mon bébé, alors, qui tu es ?

– Un divorcé !

Elle me regarde sans comprendre, interloquée, et j'en profite pour enfin m'expliquer.

Ou au moins essayer.

– Papa et toi, vous avez divorcé parce que vous… parce que tu… parce qu'il…

– Parce qu'on ne s'aimait plus !

– Moi, si, je vous aimais. Mais je n'en pouvais plus.

– De quoi ? De moi ?

– Pas de toi *toi*, non, jamais. Mais du toi divorcée, du toi qui souffrais, de celle qui se noyait et à moi s'accrochait. Ta douleur me blessait, ton vide m'aspirait, ta solitude me condamnait.

– Mais après j'allais mieux !

– Oui, mais je voulais aller seul, sans dépendre de toi. Vivre ma vie rien qu'à moi, ne plus vivre qu'*avec* toi. Vivre en dehors de toi. Vivre moi.

– Tu aurais dû m'en parler…

– Mais non, justement pas. Tu ne pouvais pas me soigner de toi. Tu ne pouvais pas me sortir de toi. Je devais le faire tout seul, choisir sans plus attendre, agir au lieu de subir, me lever et partir. Je devais divorcer.

– Mais de quoi ? Et pourquoi ? Je ne comprends toujours pas.

– Pour me séparer. De toi. De papa. De votre mariage. De votre divorce. De notre famille ratée. De mon enfance passée. De vos vies parties chacune de leur côté. Et pour m'éloigner du chagrin…

– Alors tu m'as quittée… Alors tu t'es sauvé…

– Je ne t'ai pas quittée, maman, juste lâchée. Et je ne me suis pas sauvé. Juste un peu évadé…

– Maintenant, va te coucher, mon petit prisonnier…

Tendrement, tristement, elle m'a mis au lit, comme son petit enfant, même si j'étais devenu grand. Maman.

Et le lendemain tôt : papa.

Arrivé furibard, fou de rage, outragé. Que je l'aie ainsi trompé, aussi peu respecté. J'ai cru qu'il allait me tuer, mais ma mère ne l'a pas laissé… Parler devant elle, ça n'était pas possible. Il ne fallait pas qu'elle soit là, ça ne la regardait pas. Alors on est sortis, on a marché jusqu'au bois, c'était plus facile, le vent couvrait nos voix, les gens n'entendaient pas. Juste les oiseaux ont su, ceux qui étaient restés.

Tout de suite mon père m'a attaqué en rafales saccadées :

– Tu t'es foutu de moi !

– Pas foutu. Juste tu…

– Se taire, c'est mentir. Et mentir c'est tromper. Tu t'es servi de moi !

– Justement non, je ne pouvais pas, puisque tu n'étais plus là !

– Tu en as profité !

– J'étais bien obligé.

– Quand le chat est parti, les souris dansent...

– Quand le père est parti, le fils est obligé de prendre son indépendance !

– Tu as dû être ravi de l'aubaine.

– Ravi, papa, ravi ? J'étais désespéré !

– Pourquoi n'as-tu rien dit ?

– Tu n'as rien demandé.

– Mais je téléphonais.

– Tu crois que ça suffisait ? Tu crois que ça remplaçait ? Tu n'étais plus là, je devais faire sans toi. Dans ma vie tout d'un coup, il y avait un trou, celui de ton absence, un vide fou à combler.

– Mais je n'étais pas mort ! Juste un peu éloigné.

– Pas un peu : beaucoup trop. Je ne te voyais plus.

– Pourtant tu es venu.

– Mais on ne s'est pas trouvés.

– À cause de ma nouvelle vie ?

– Parce que je n'en fais pas partie.

– Mais ce n'est pas vrai, voyons ! Tu es toujours mon fils.

– Peut-être, mais moi je n'avais plus mon père. En partant tu m'as laissé le champ libre, le champ vide, et j'ai dû l'occuper.

– Moi aussi j'étais triste, toi aussi tu me manquais.

– Mais c'est toujours plus dur pour celui qui reste, car il vit dans l'absence, il la voit, il la sent, il tombe dedans.

– Alors tu as fait semblant d'être grand…

– Pas semblant, non. Je le suis devenu.

– Un grand enfant, qui a joué à l'adulte raisonnable, responsable…

– Un peu comme toi, papa, un peu comme toi…

– Qu'est-ce que tu racontes ? Moi je sais ce que je fais, et je dis ce que je fais. Pourquoi tous ces secrets ?

– Parce que c'est ça que c'était : mon secret.

– Ça aurait pu mal tourner…

– Mais je me suis bien débrouillé !

Il me regarde soudain différemment, avec une petite lumière qui gigote dans ses yeux, un petit sourire qui se promène sur sa bouche, une petite fierté qui sautille dans sa voix :

– C'est vrai ça, finalement. Quel filou tu as été ! Si je ne t'en voulais pas tellement, je pourrais presque t'admirer… Je me demande bien comment tu as fait pour tout organiser sans te faire pincer, sans que ta mère et moi on ne s'en soit doutés. Tu m'expliques ? Tu me montres ?

Et voilà, c'était fait, on a conclu notre paix. Mon père, les mots l'ennuient. Une fois que les choses sont dites et tous les cris poussés, c'est bon, c'est entendu, on ne revient plus dessus. Ce n'est pas oublié, mais c'est mis de côté, ou enterré. Nous sommes partis manger dans un bon restaurant, je lui ai fait visiter mon petit appartement, puis on s'est séparés. Lui est reparti chez lui, et moi chez maman.

Un dimanche soir presque comme avant…

# 21

Comme tout divorce, le mien a laissé des traces.

Des cicatrices.

L'après a été difficile.

Ma mère a un jour tristement déclaré :

– Tes mensonges ont creusé un gouffre, sans fond ni fin, où nous sommes tous tombés. Comment on va remonter ? Comment te pardonner ?

Car c'était bien ça, le problème : la confiance ébranlée, le mur du secret, la déchirure de la rupture. Il m'a fallu, il nous a fallu, abattre et rebâtir, recoudre, réparer. Recommencer.

Moi, j'étais prêt.

Et eux ont essayé.

Comme moi je l'avais fait du temps où c'étaient eux qui divorçaient…

Cette fois, c'était leur tour de s'adapter, de s'habituer. Car mon divorce était irrévocable.

Pas question de revenir à un avant définitivement passé, de redevenir l'enfant qui suffoquait, de renoncer à mon espace de liberté si chèrement gagné.

Alors, de questions en réponses, de disputes en discussions, de négociations en concessions, de compromis en promesses, nous sommes tombés d'accord sur une garde alternée. Maintenant, papa, maman et moi, on se partage moi...

Mon père est plus présent, même si toujours trop loin. Il vient à Paris souvent, pour me voir autrement, sans sa, chez moi, en presque égal. Et quand je vais chez lui, on est comme des amis. Ce n'est pas comme avant, c'est mieux : c'est maintenant.

Ma mère s'est reculée, elle ravale ses questions, me fait confiance un peu, me laisse un peu aller. C'est difficile pour elle de ne plus m'aimer de tout près, mais elle essaie en vrai et semble le supporter. Du moment qu'elle sait, pas forcément où je suis ni même ce que je fais, mais que je suis, et que je vais.

Ma chambre a un chauffage, un lit, de la lumière. Au début j'ai eu peur de soudain moins l'aimer, maintenant que ce n'était plus un lieu caché, secret. Mais non, j'y suis toujours très bien, c'est toujours mon chez-moi. J'y vais comme je veux, j'y reste autant que je veux. Pas tout le temps bien sûr, j'habite chez ma mère. Mais en cas d'étouffement, de déprime, de grosse joie, en cas de rendez-vous si doux avec Alma, ou simplement comme ça, parce que c'est là que je suis moi.

Maintenant que la vie est à la paix, je repense souvent à ce que j'ai fait, mon petit divorce en pointillé, vaillant et dérisoire, tout à la fois désir de vengeance et soif d'indépendance. Il a été ma façon de grandir, mais aussi de les punir. Car je leur en voulais, de nous avoir ratés. D'avoir perdu la partie de notre jeu d'une famille, et que ça se finisse ainsi, échec et mat, échec et mal. Tout de suite, bien trop vite, ils m'ont lancé dans un nouveau jeu, de hasard, dont je ne connaissais pas les règles, ne possédais pas les cartes, en tout cas pas les gagnantes, et où eux ils trichaient. Mon divorce, c'était une façon de jouer mon joker, de brouiller les cartes, de me mettre hors jeu. Hors leur jeu.

Et de leur faire, un peu, ce qu'eux m'avaient fait. Peut-être qu'ils ne savaient pas que je vivais leur vie, et qu'en cessant de s'aimer c'est moi qu'ils délaissaient, et qu'en se déchirant c'était moi qui saignais. Peut-être qu'ils ne savaient pas qu'en divorçant l'un de l'autre, c'était aussi de moi qu'ils divorçaient.

Alors je n'avais pas le choix : je devais me sauver, à mon tour les quitter, les divorcer.

Mais ce n'est pas seulement contre eux, c'est

aussi pour moi que je l'ai fait. Je suis parti chercher ma liberté. En tombant du nid, j'ai senti mes ailes qui doucement poussaient, et maintenant je sais un petit peu voler. Pas vite, pas haut, pas loin. Mais je sais. Je sais sans eux. Et j'ai trouvé qui j'étais : pas seulement leur enfant, mais un être seul, vivant.

C'est en m'éloignant d'eux que je me suis trouvé, mais aussi, bizarrement, que je les ai retrouvés. Car j'ai compris enfin que même s'ils étaient fragiles et faillibles, c'étaient de bonnes gens, c'étaient de bons parents, et que je les aimais.

Et que tous les deux m'aimaient, même s'ils avaient cessé de s'aimer tous les deux.

Je sais que j'ai bien fait, même si ça a fait mal.

Un divorce, ça détruit. Mais après on reconstruit.

Un divorce, c'est une fin. Mais après on recommence.

Un divorce, ça tue. Mais après on renaît.

Et on aime, encore, on aime ailleurs.

C'est grâce à mon divorce que j'ai trouvé Alma.

Elle rit toujours trop fort.

Elle brille toujours plus vrai.

Elle est mon ange fou, ma fée de liberté.

Plus tard, lorsque j'aurai fini de divorcer, c'est sûr, c'est avec elle que je me marierai !

## Du même auteur aux éditions Thierry Magnier

### Collection « Romans »

**La Danse interdite**

Perla et Wladek s'aiment. Tous les deux sont polonais mais elle est juive, pas lui. On les sépare. Perla est envoyée aux États-Unis rejoindre son père. Plus tard, elle retourne en Pologne au moment où les Allemands envahissent le pays...

**Fugue en mineure**

Jeanne a seize ans et demi, porte des jeans et de longues jupes fleuries. Elle veut qu'on l'appelle Jane. En ce début des années soixante-dix, la musique et les livres lui parlent d'une Amérique hippie, où soufflerait un vent de révolte et de liberté. Alors Jane s'enfuit en Californie, affronter son rêve...

**Le Garçon qui aimait les bébés**

Martin aime les bébés. Depuis toujours. Lorsque Louise, son amie, tombe enceinte, elle le vit comme une catastrophe. Mais pour Martin, c'est différent. Cet enfant, même s'il ne l'a pas fait exprès, il l'aime déjà, il l'attend, et fera tout pour le garder.

**Pourquoi ça fait mal ?**

C'est l'histoire d'un coup de foudre dans un bus. D'échanges de regards, d'attente... De l'état dans lequel l'amour vous plonge, de l'obsession des retrouvailles, de la peur de tout inventer. Puis l'amour révélé, très vite envenimé par la jalousie, la crainte d'être mal aimée.

**Quand elle sera reine**

Depuis toujours Mira se nourrit de sa colère. Elle marche la tête haute. Malgré une mère trop vite envolée. Malgré l'amour qui parfois fait mal... Et, quand la guerre approche, Mira devient l'ennemie. Seule sa rage pourra la faire tenir debout.

### Collection « Petite poche »

**En vrai**

*De Rachel Hausfater, coll Petite Poche*

Une maison, des parents, une chambre. Chaque chose à sa place. À l'école, c'est pareil : on travaille, on joue, toujours suivant les mêmes rythmes. Mais la vie doit être différente ailleurs... Un jour, au cinéma, c'est la révélation. Avec *Crin Blanc* elle découvre le sens du mot liberté.

## Collection « Nouvelles »

**Avec la langue**
*de Adam Bagdasarian*
*Traduit de l'américain par Rachel Hausfater*

L'adolescence est parfois une vraie lutte pour la survie : parfois de grandes aventures, des drames, mais le plus souvent ces moments de vie ténus, sur l'instant, mais que pourtant jamais on n'oubliera. Comme d'embrasser pour la première fois avec la langue !

# Derniers titres parus aux éditions Thierry Magnier

## Collection « Romans »

**L'Ombre d'un père**
*de Florence Cadier*
Gary vit seul avec Nicole, sa mère, à Wellington en Nouvelle-Zélande et ne sait rien de son père. Obstinément et malgré les demandes répétées et insistantes de son fils, Nicole ne veut rien dire. Gary promène sa mélancolie et sa sourde révolte, obsédé par ce qu'il pense être un secret honteux. Aussi lorsqu'un soir, dans un bar, une jeune Française l'aborde en lui disant qu'elle sait des choses sur son père, Gary est bouleversé. Mais rien ne se passe comme prévu.

**La Tête au ciel**
*de Régine Detambel*
À l'âge de cinq ans, Lola a dû suivre sa mère au Canada, et les liens se sont peu à peu distendus avec Philippe, son père, resté en France. Dix ans plus tard, Lola parle avec l'accent québécois, a quasiment oublié le vieux continent. Mais l'été qui vient, elle décide de le consacrer aux retrouvailles avec celui qui a choisi de vivre de manière spartiate auprès des pigeons qu'il élève, loin de tout. L'amour aidant, père et fille vont retisser une complicité faite de respect et de tendresse prudente.

**Là où je vais**
*de Fred Paronuzzi*
Il suffit parfois de 3 300 secondes pour que tout change. Léa, Ilyes, Clément et Océane, élèves dans le même collège, vont en faire l'expérience. Ils se croisent, se connaissent à peine, mais ce jour-là, chacun va prendre une décision qui changera le cours de sa vie (histoire d'amour, choix d'orientation...) Quatre voix d'adolescents à la croisée des chemins.

**Qui va loin revient près**
*de Christophe Léon*
Kinsangani, République démocratique du Congo, 2004. Kimia, neuf ans, est confiée à un passeur pour rejoindre Paris où elle doit être « adoptée » par un couple de bourgeois. Mais la petite fille va passer huit ans recluse dans un très bel appartement où elle sera bonne à tout faire. À dix-sept ans, Kimia s'enfuit, elle se retrouve à la rue sans argent ni papiers dans un Paris qu'elle découvre.

**Pieds nus dans la nuit**
*de Marjolaine Jarry*
Louise, Tom, Claire et Baptiste sont inséparables. Ensemble, ils croient pouvoir tout affronter. Jusqu'au jour où Claire, happée par son malêtre, est hospitalisée. Louise se bat, pour que ses amis restent soudés, pour que rien ne change. Il lui faudra beaucoup de courage et

pas mal d'imagination pour faire la paix avec ses souvenirs et laisser une chance à demain.

**La vérité crue**

*de Patrice Favaro*

Jésus passe son premier été seul loin de ses parents, dans la ferme de sa grand-mère. Un soir, il s'enfuit avec Angélina, une voisine de son âge un peu perdue et solitaire. Dans leur échappée, ils vont croiser Élie qui les prendra sous son aile et les conduira dans la montagne jusqu'à un refuge qu'il connaît bien. C'est là que vont se révéler les blessures cachées des uns et des autres.

**Le cœur n'est pas un genou que l'on peut plier**

*de Sabine Panet et Pauline Penot*

Ernestine n'a pas la langue dans sa poche, elle se voit déjà comédienne sur les planches d'un grand théâtre parisien ! Awa, sa grande soeur, prépare son bac français. L'avenir est devant elle, mais son père a décidé de la marier cet été, au Sénégal. Les femmes de la famille vont unir leurs forces pour soutenir la jeune fille.

**Réveille-Martin**

*de Youri De Paz*

Martin vit vraiment dans une famille loufoque. Son père ne comprend rien à rien, sa sœur le suit partout du matin au soir, et leur mère est partie à l'autre bout du monde. Martin soigne tous les animaux qui croisent son chemin. Comment faire appel à l'imaginaire pour échapper à une réalité moins drôle...

**La véritable histoire d'Harrison Travis, hors-la-loi, racontée par lui-même**

*de Pascale Maret*

À seize ans, Harrison abandonne l'école et choisit la liberté, campant dans la forêt, squattant les villas inoccupées, piquant de quoi se nourrir ou se distraire. Son rêve : s'envoler aux commandes d'un des avions qui font la navette entre l'archipel et le continent.

**La faute de Rose**

*de Florence Cadier*

Quand Rose a rencontré Sean, elle était sûre que ses parents béniraient leur mariage. Mais il n'en est pas question, Sean est un étranger, orphelin. Alors les deux amoureux s'enfuient. Rattrapée par la police, Rose est enfermée dans un couvent. Toutes les jeunes femmes qui ont fauté sont condamnées à y finir leurs jours.

**Encore heureux qu'il ait fait beau**

*de Florence Thinard*

Personne ne comprend ni pourquoi ni comment la bibliothèque Jacques-Prévert se retrouve à voguer sur l'océan. À bord, le directeur, la bibliothécaire, un prof de technologie, la sixième F au complet, et Saïd l'infernal. Une fois l'incroyable admis, il faut s'organiser.

CET OUVRAGE A ÉTÉ ACHEVÉ D'IMPRIMER
DANS UNE CHAMBRE DE BONNE POUR LE COMPTE
DES ÉDITIONS THIERRY MAGNIER
PAR L'IMPRIMERIE FLOCH À MAYENNE
EN FÉVRIER 2013 (3e ÉDITION)
DÉPÔT LÉGAL : MARS 2009
N° D'IMPRESSION : 84160

Imprimé en France